W0359798

MÉTIERS OUBLIÉS DE PARIS

DICTIONNAIRE LITTÉRAIRE ET ANECDOTIQUE

GILLES LAURENDON
LAURENCE BERROUET

PARIGRAMME

Un porteur de paniers
aux Halles, en 1908.
© Boyer-Viollet

Avant-propos

« Les ingénieurs sont venus, la Cour des Miracles est expropriée pour cause d'utilité publique. Adieu la gaîté de nos places, adieu les vêtements bariolés, les chansons étranges, les dentistes en plein air, les musiciens ambulants, les philosophes, les bâtonnistes, les maniaques, les visionnaires, les vieilleuses, les bouquetières.
Je vous jure, Messieurs, que Paris s'ennuie. Il a la nostalgie du pittoresque. » (Yriarte, *Les Célébrités de la rue*, 1878)
Le pittoresque, vous le retrouverez dans ce livre avec la marchande d'arlequins, qui vendait aux pauvres les restes des repas des maisons bourgeoises, avec le cueilleur d'orphelins, qui ramassait les mégots autour de la place Maubert, ou avec le porte-coton, qui accompagnait le roi à la chaise percée. Vous le retrouverez avec le passeur de ruisseau et le marchand d'orviétan, dont la poudre magique guérissait la gale, la rogne, la teigne, la fièvre, la peste, la goutte, la descente et la rougeole ! Avec le professeur de cris et l'arracheur de dents. Avec le tondeur de chiens ou le montreur d'animaux sauvages.
Mais le pittoresque n'est pas tout, et il ne doit pas masquer la dureté de ces vies de crève-la-faim ni l'indignité de certaines professions. Que dire de la loueuse de sangsues, qui attrapait la mort en offrant sa chair aux sangsues ? Que dire des cités de chiffonniers ou des loueurs d'enfants ?
« Mon vieux Adrien, écrivit un jour Istrati, tu peux aller à l'école et apprendre à ton professeur ce que tu as vu ici. En un quart d'heure, tu en sais plus qu'en dix ans de classes. Tu as vu la vraie face du monde ! »

C'est cette face du monde que nous vous convions à découvrir. Tant pis si la vérité, quelquefois, pique les yeux ! Il serait honteux de ne pas se souvenir. Mais il y a aussi, dans cet ouvrage, la fierté et l'orgueil des artisans, qui nous ont transmis un savoir de longue main. Le maître épinglier n'était-il pas un orfèvre ? Le faiseur de mouches un artiste ? Et l'on reste admiratif devant l'imagination de tous ces rois du pavé qui inventèrent les métiers les plus farfelus pour survivre : fabricant de chapelure, pêcheur de bouchons de liège...

La liste est longue de tous ces métiers aujourd'hui disparus. Ce dictionnaire littéraire et anecdotique recense bon nombre d'entre eux. Il fait appel aux meilleurs auteurs : Molière, La Fontaine, Goldoni, Flaubert, Rabelais, Céline, qui tous se sont intéressés à ces métiers et ont su en exprimer la poésie et la rudesse*.

Ce fut aussi pour nous l'occasion de saluer Alfred Franklin, l'érudit, dont le *Dictionnaire des Arts et Métiers* nous fut précieux, et de citer abondamment Louis-Sébastien Mercier, pour qui nous éprouvons une tendresse particulière et dont les œuvres sont malheureusement le plus souvent indisponibles en édition courante.

* Pour ne pas compliquer la lecture, nous avons préféré ne pas indiquer à chaque fois les références complètes des ouvrages dont sont extraites les citations. Vous trouverez une bibliographie à la fin du livre.

Forts des Halles en 1905.
© Coll. S. Kakou/Kharbine-Tapabor

Fort de la halle.
Décrotteur.
Commissionnaire.
Porteur d'eau.
Hercule.
Md de Cigares.
Porteuse de pain.

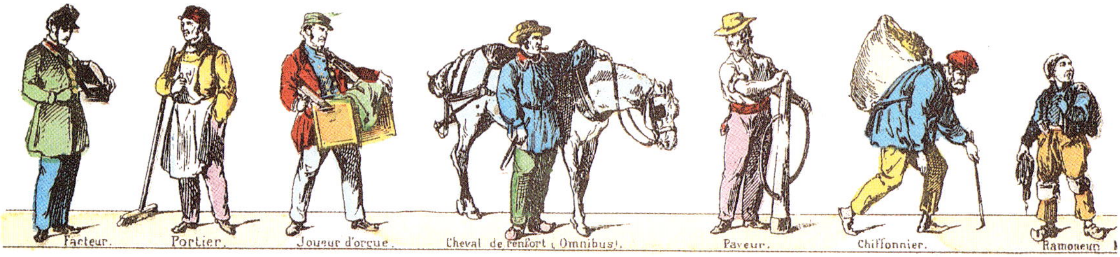
Facteur.
Portier.
Joueur d'orgue.
Cheval de renfort (Omnibus).
Paveur.
Chiffonnier.
Ramoneur.

EN VENTE
Balayeur.
Mde de plaisirs.
Commis d'octroi.
Afficheur.
Egouttier.
Vitrier.
Md de Coco.

« Les Petits Métiers de Paris ». Gravure anonyme.
© PMVP/Ladet

A

Aboyeur de théâtre (ou crieur)

« À la porte des spectacles, se trouve toujours un aboyeur à la voix de stentor, qui crie : *Le carrosse de M. le Marquis ! Le carrosse de Mme la Comtesse ! Le carrosse de M. le Président !* Sa voix terrible retentit jusqu'au fond des tavernes où boivent les laquais, jusqu'au fond des billards où les cochers se querellent et se disputent. Cette voix qui remplit un quartier, couvre tout, absorbe tout, le bruit confus des hommes et des chevaux. Laquais et cochers, à ce signal retentissant, abandonnent les pintes et les queues, reprennent la bride des chevaux et ouvrent la portière.
Cet aboyeur, pour donner à sa poitrine une force plus qu'humaine, renonce au vin, et ne boit que de l'eau-de-vie. Il est toujours enroué, mais cet enrouement même imprime à sa voix un son rauque et épouvantable, qui ressemble à un tocsin. Il crève bientôt à ce métier. Un autre le remplace, il hurle de même, boit de même, et meurt, comme son prédécesseur, à force d'avoir avalé de l'eau-de-vie d'épicier. » (Mercier)
Au XVIIIe siècle, la présence d'aboyeurs était indispensable à la bonne marche d'un théâtre. Molière lui-même veillait consciencieusement à la qualité de ses aboyeurs. Il savait pertinemment que le succès d'une pièce dépendait pour beaucoup de la harangue du crieur. Ce dernier ne se contentait pas de raconter l'intrigue, mais colportait également les potins du moment, montait en épingle les cabales, dévoilait à mots couverts les histoires amoureuses des comédiens…
Si le crieur de spectacles a aujourd'hui disparu, on retrouve un peu de sa gouaille et de sa verve chez les aboyeurs de spectacles érotiques qui officient sur les trottoirs de Pigalle.

L'agréministe a contribué au développement des accessoires dans l'élégance féminine. Gravure de 1812.
© PMVP/Briant

Le Bon Genre, N°.54.

Manches en Spirale. Profusion de Garnitures.
Mouchoir Servant de porte-Clef.

Agréministe

Au XVIIIe siècle, on appelait agréministes les fabricants d'agréments, c'est-à-dire les ouvriers chargés de découper les tissus et les rubans destinés à l'ornement des robes de femmes. Ces ouvrages dépendaient naturellement de la mode et ils étaient d'une infinie variété.
« On admire une femme, et son habillement qui fait partie de son existence ; mais à la vue des effets très galants qui résultent de ses aigrettes, de ses pompons, de ses franges, le poète chansonnier ne s'est jamais avisé de célébrer un peu le fuseau, la navette et la main industrieuse du pauvre agréministe : tout est pour celle qui porte la robe élégante, et rien pour l'ouvrier qui lui a imprimé cet éclat, cette fraîcheur, cette légèreté aérienne. » (Mercier)
Les agréministes disparurent avec le développement des manufactures.

Allumettes (marchand d')

On le croisait au coin des rues, son panier en bandoulière. Pour quelques pièces, il offrait un paquet d'allumettes allemandes ou une pierre à fusil du Berry. Le profit était maigre, ainsi qu'en témoigne cette poignante ritournelle :

« Pour quelque peine
que j'y mette
D'enrichir je n'ai pas appris
J'ai beau crier des allumettes
Car ils ont de trop petits prix. »

Une marchande d'allumettes comme on pouvait en trouver vers 1820 dans les rues de Paris. Lithographie de Carle Vernet.
© Coll. Kharbine-Tapabor

« Les bourgeois de Paris contemplant les premiers réverbères à chandelles ». Gravure extraite de *L'Art de l'éclairage*, de Louis Figuier, 1882.
© Coll. Kharbine-Tapabor

Allumeur de réverbères

« Il y avait là juste assez de place pour loger un réverbère et un allumeur de réverbères. Le petit prince ne parvenait pas à s'expliquer à quoi pouvaient servir, quelque part dans le ciel, sur une planète sans maison, ni population, un réverbère et un allumeur de réverbères. Cependant il se dit en lui-même : Peut-être que cet homme est absurde. » (Saint-Exupéry)

L'éclairage des rues de Paris opposa longtemps les Parisiens. Tout le monde réclamait de la lumière car les rues étaient, le soir, de véritables coupe-gorge, mais personne ne trouvait de solution concrète. Finalement, on décida d'élire dans chaque quartier un notable qui serait responsable de l'installation et de l'entretien des lanternes. Il ne fallait pas moins de deux personnes pour l'allumage ; l'une descendait la lanterne accrochée au bout d'une corde, l'autre enflammait la chandelle.
Néanmoins, cet éclairage demeurait insuffisant. Il fallut attendre 1667 pour qu'on établît six mille cinq cents lanternes fixes dans Paris et ses faubourgs. On pouvait désormais circuler sans trop de risque jusqu'à

minuit, heure d'extinction des feux. Au XVIIIe siècle, la lanterne à réverbère et à huile fit son apparition. Ce progrès notable n'était pas sans désagrément pour le pauvre allumeur de réverbères, qui ne trouvait plus personne pour lui tenir compagnie car il était imprégné d'huile des pieds à la tête ! Vint ensuite la période des becs de gaz. L'allumeur devint une figure célèbre de Paris et les photographes ne manquèrent pas de saluer cet homme qui s'aventurait, perche à la main, à la rencontre de la nuit.

Un allumeur de réverbère au travail. Photographie de Jérôme Doucet.
© Coll. Alain Chevallier/ Photo J.-M. Drouet

Âmes (sauveur d')

Dans *Les Trappeurs parisiens*, Imbert dresse le portrait d'un curieux personnage du XIXe siècle : le sauveur d'âmes. Ses contemporains affirmaient qu'il en avait sauvé plusieurs milliers au cours de sa carrière.

Approvisionné régulièrement par son compère le chiffonnier, il entassait dans l'obscurité de son échoppe toutes sortes de vieilles chaussures. Sa spécialité consistait à récupérer cette partie essentielle du soulier nommée âme et à l'introduire dans une nouvelle chaussure. Par ses soins, une fois lavée et séchée, l'âme connaissait une seconde vie. Tous les chevaliers de la bourse plate bénissaient le ciel de leur avoir envoyé le sauveur d'âmes.

Depuis le talon abattu d'un coup de hache jusqu'aux semelles, tous les morceaux de la chaussure revivront grâce au savoir-faire du sauveur d'âmes.

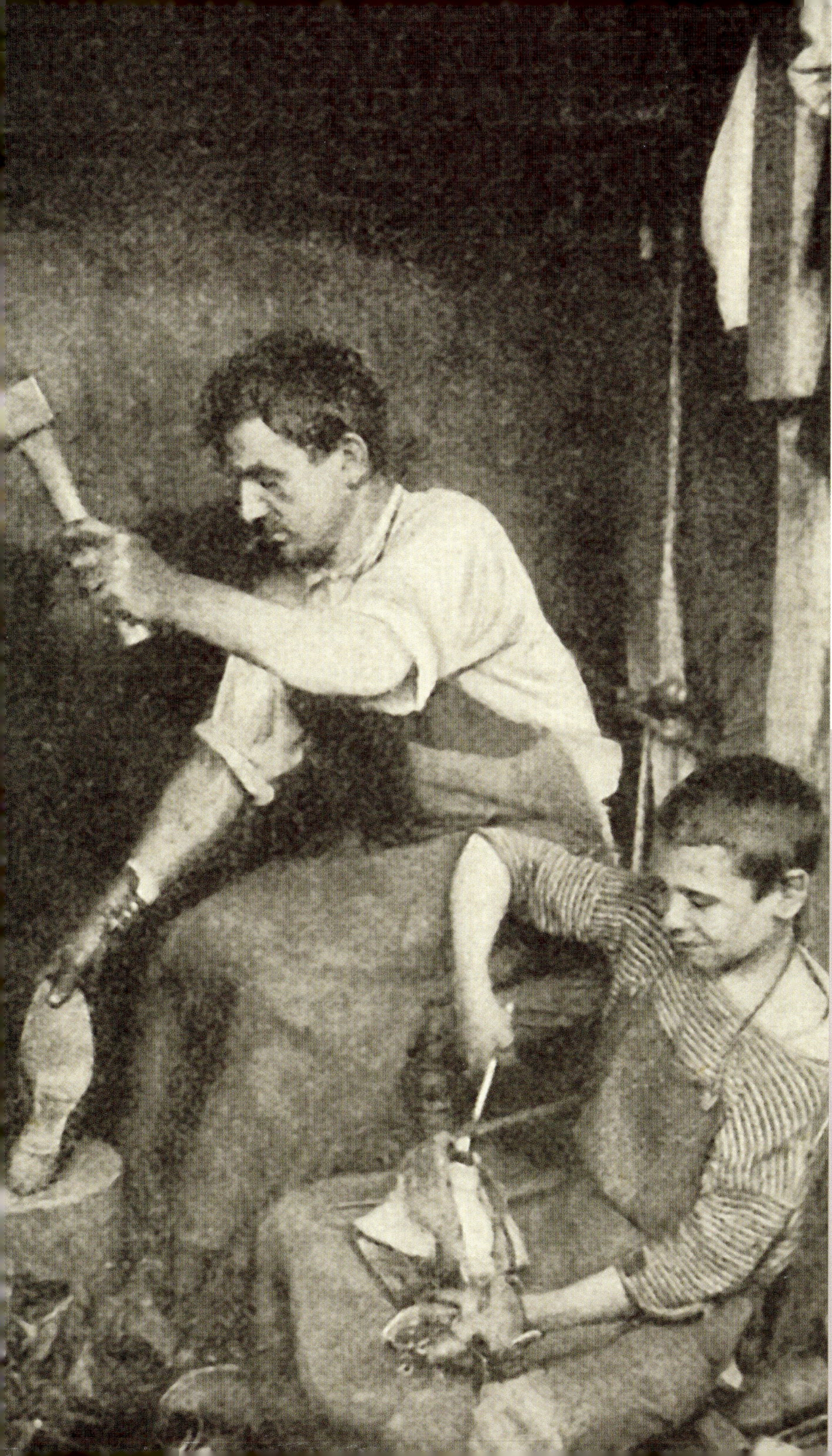

Le sauveur d'âmes.
Photographie extraite de *Lecture pour tous*, 1902-1906.
© Coll. Emmanuel Gaffard

«Sur un signe du patron, l'ange gardien prenait son homme à bras-le-corps et le reconduisait à son domicile.» Gravure extraite du *Bas du pavé parisien*, de Guy Tomel, 1894.
© Coll. Alain Chevallier/ Photo J.-M. Drouet

Ange gardien

Jamais les marchands de vin n'ont autant prospéré qu'au XIXe siècle. Ce succès fut à l'origine d'un nouveau métier : celui d'ange gardien qui était chargé de raccompagner chez eux les clients éméchés. Car pour un homme en état d'ébriété, le moindre trottoir devient vite un écueil infranchissable, le plus petit pavé peut provoquer une chute. Sur un signe du patron, l'ange gardien prenait son homme à bras-le-corps et le reconduisait à son domicile. Il fallait être patient et fin psychologue. L'ange gardien devait d'abord rassurer son client – non, sa femme ne lui en voudrait pas –, l'approuver dans ses obsessions – oui, le vin était excellent pour la santé –, essuyer sans broncher ses colères, ses pleurs ou ses sarcasmes, ramasser son chapeau jeté dans le ruisseau et, pour finir, affronter les remontrances d'une épouse.

En récompense, il recevait quelques pièces du client et avait table ouverte chez le marchand de vin. La plupart des anges gardiens opéraient à Montmartre et autour de la place Maubert.

Arlequins (marchande d')

Voici peut-être un des plus étonnants des métiers oubliés ! Dès la fin du XVIIIe siècle, on vit apparaître sur les marchés et les places publiques de fières matrones armées d'une louche, qui, pour vingt-cinq centimes, vendaient poulardes farcies, chapons à la braise, homards et turbots, cuissots de chevreuil ou lapereaux aux truffes. Vingt-cinq centimes seulement ! Le malheur était que ces mets délicieux bouillaient et rebouillaient dans la même marmite. C'était la tambouille de la marchande d'arlequins.

Cette dernière devait son nom à la pratique, peu ordinaire, de mélanger toutes sortes de plats, à la manière de l'habit d'Arlequin, composé de dizaines de morceaux de tissus de couleurs différentes. Le brouet indigeste qui en résultait était fait des restes de repas des maisons bourgeoises ou des grands restaurants. Ce qui aurait dû finir aux ordures devenait, avec

Marchandes d'arlequins aux Halles. Carte postale, vers 1905.
© Coll. Alain Chevallier

la complicité intéressée des marmitons – qui empochaient au passage d'appréciables commissions –, un repas de fortune. Ceux qui ne pouvaient envisager un déjeuner plus appétissant avalaient cette étrange bouillie, aux saveurs constamment renouvelées. S'ils avaient de la chance, la louche leur offrait un morceau mangé seulement à moitié. Si c'était un jour de déveine, ils devaient se contenter d'un rogaton nageant dans de l'eau claire. Cette loterie du pauvre, qui se maintint jusqu'au début du XXe siècle, existait déjà du temps de Mercier :
« Au détour de cette rue, dans cette étroite échoppe, qu'aperçois-je sur ces assiettes mutilées ? Quels sont ces restes où la moisissure a déjà déposé sa première empreinte ? Ces restes, rebuts des valets, après avoir touché la bouche d'un évêque qui s'est arrêté par réflexion pour donner la préférence à un autre morceau, ont été dédaignés des marmitons, ils sont destinés à descendre dans l'estomac des pauvres, aussi maigres que les marmitons sont gras. Ceux-ci les ont ramassés pêle-mêle et les ont vendus à des regrattiers qui les exposent à l'air. Hélas ! Qui en sera friand ?

« Ventre affamé n'a point d'oreilles mais il a des yeux. Sur le soir, un indigent enveloppé d'une redingote descend de son grenier et vient acheter ces restes dégoûtants, sur lesquels la valetaille a bavé, il les cache et les emporte... » (Mercier)

À Versailles, le regrat n'a point cet aspect révoltant. Ce qui sort de dessus la table du roi et de celle des princes est en entier, et le bourgeois ne rougit point de s'en nourrir, puisque ce qui a été sur la table des princes, est toujours réputé un morceau sain et délicieux. Le quart de Versailles se nourrit donc des plats servis sur les Tables Royales ; et les cuisiniers de sa Majesté ont apprêté les viandes pour des estomacs vulgaires auxquels ces mets, chefs-d'œuvre de leur art, n'étaient pas destinés. Des poissons, auxquels on n'a pas touché, n'ont fait qu'un saut de la table de Monseigneur le Comte d'Artois sur celle d'un chapelier et vont régaler sa petite famille. Elle se nourrit de mets succulents et n'a plus besoin de faire une cuisine particulière. Ce regrat de Versailles n'est donc point désert en plein jour comme celui de Paris, au contraire, tel y entre l'épée au côté et fait l'emplette d'un turbot, d'une hure de saumon, morceau fin et rare, qu'il n'aurait pu trouver ailleurs sans dépenser beaucoup d'argent, il se vante d'avoir été au regrat de Versailles. S'il voyait les "assiettes publiques" de la Capitale, cela lui soulèverait le cœur. »

Grâce aux arracheurs d'ailes, les modistes pouvaient orner leurs chapeaux de plumes et d'ailes d'hirondelles.
© Coll. Kharbine-Tapabor

Arracheur d'ailes

Parmi les innombrables métiers qu'exercèrent les déshérités du pavé, on relève celui, très éphémère, d'arracheur d'ailes. Au XIXe siècle, la mode fut un temps au chapeau tyrolien. Chaque couvre-chef était orné de plumes et... d'une aile d'hirondelle. Aussi vit-on bientôt des hommes sans sou ni maille qui pour gagner quelque argent se mirent à dénicher ces oiseaux. Ils les attrapaient, tels des poissons, à l'aide de bâtons au bout desquels ils accrochaient un fil muni d'un hameçon et d'un insecte pour les appâter.
Les dames arboraient fièrement leur nouvelle parure sans penser, bien sûr, à la sombre activité des arracheurs d'ailes, qui ne prenaient même pas la peine de tuer leurs victimes avant de les mutiler.

Des hommes sans sou ni maille dénichaient des hirondelles et leur arrachaient les plumes.

Un arracheur de dents opérant place de la Bastille. Photographie de Louis Vert, vers 1900.
© PMVP/Pierrain

Arracheur de dents

Jusqu'en 1892, date de la création du premier diplôme de dentiste, quiconque disposait d'une solide paire de tenailles, de bras de déménageur et d'un bagout de camelot pouvait s'établir arracheur de dents. C'était l'âge d'or des charlatans. Officiellement, les chirurgiens-barbiers étaient, depuis le Moyen Âge, les seuls habilités à traiter les abcès, dartres, névralgies et autres caries auxquels personne n'échappait. Mais la science dentaire était inexistante et les charlatans en profitaient. Pour vaincre les appréhensions du public, ils organisaient de véritables spectacles. Prenant la foule à partie, ils procédaient comme pour une exécution capitale, et faisaient s'agenouiller leurs clients en pleine rue. Lorsque la dent était arrachée (la seule opération qu'ils savaient pratiquer) elle circulait dans les rangs du public édifié. Chaque patient avait droit à une rasade d'eau-de-vie chez le tavernier du coin, pour se « remettre » et stériliser la plaie. Certains utilisaient des drogues pour anesthésier la douleur. C'est ainsi qu'on prit l'habitude de frotter la gencive avec de la soude caustique, ce qui eut de fâcheuses conséquences : les dents se déchaussaient et tombaient dès qu'on les touchait. Cette perte n'était pas perçue comme un grand dommage, puisque jusqu'à une époque récente, tout le monde vivait édenté.

À Paris, les arracheurs de dents avaient élu domicile près du Pont-Neuf. « On ne quitte pas le Pont-Neuf et la place Dauphine sans donner un regard à l'arracheur de dents, rapporte Castelnau. On a le choix entre Ferranti, dit l'Orviétan, l'Anglais à fraise jaune, Maître Arnaut ou le superbe Grand Thomas, qui est le plus célèbre. Coiffé de son tricorne au panache éclatant, vêtu de son justaucorps à grandes basques, il opère en cravate blanche, l'épée au côté, flanqué d'un singe et monté sur un char d'apothéose. » Les jours de fête religieuse ou lors d'événements historiques, telle la naissance du dauphin, Grand Thomas n'hésitait pas à arracher gratis. Les Parisiens en profitaient.

« Il est beaucoup plus périlleux aux hommes de tomber entre les mains des empiriques et des charlatans qu'entre les ongles des corbeaux, d'autant que les corbeaux ne mangent que les morts et les charlatans les vivants. » (Bouchot)

« L'Arracheur de dents ».
Gravure d'après Roclants.
© Coll. Kharbine-Tapabor

B

Bagotier

Si vous consultez un jour un dictionnaire de la fin du XIXe siècle, peut-être remarquerez-vous un mot espiègle, sonnant et trébuchant comme un sou jeté sur le pavé : le mot *bagotier*. Ce petit métier, que Franklin n'a pas jugé bon de retenir dans son dictionnaire, seuls les déshérités du trottoir, les mendiants et les chômeurs le pratiquaient.

Le bagotier était un homme à tout faire qui, pour deux francs cinquante la journée, louait ses services à ceux qui en avaient besoin. Ils étaient, paraît-il, cinq cents à la fin du XIXe siècle, à vivre ainsi toute l'année, et près de deux mille pendant l'été.

La plupart hantaient les gares. Les retours de week-end et de vacances étaient les moments les plus propices. Le visage écrasé contre les grilles de la gare, il fallait un œil de maquignon pour repérer le bon client. Les plus riches retrouvaient leurs domestiques à l'arrivée du train. Les plus pauvres n'avaient pas les moyens de payer un porteur.

> Le petit bourgeois replet qui revenait de la campagne ou de la côte normande chargé de valises et de paquets était le client rêvé. Le provincial était un morceau de choix, mais avec lui, il était nécessaire de ruser.

Le provincial était un morceau de choix, mais avec lui, il était nécessaire de ruser. S'approcher à la descente de voiture et proposer ses services eût été fort maladroit. Le voyageur, mis en garde par la famille et les amis sur les dangers de la capitale, aurait mal pris la chose. Mieux valait le laisser quitter le quai les bras chargés de bagages, et le suivre avec discrétion. Quand il avait bien sué

« Le Bagotier ». Dessin de Pezeu-Carlopez, 1909.
© BHVP/Leyris

à porter ses paquets, qu'il s'arrêtait tous les trois pas et s'épongeait le front en soupirant, le bagotier se présentait à lui : « Un coup de main, Monsieur ? » Et l'autre, fourbu et éreinté, après l'avoir jaugé de l'œil : « C'est pas de refus ! » L'affaire était conclue !

Baladin (ou bateleur ou maître de ballet)

À l'origine, les baladins n'étaient pas des bateleurs mais des danseurs. Ils jouaient au théâtre, où ils étaient chargés d'exécuter les airs de ballet qui servaient d'intermèdes. Ainsi chez Molière, trouve-t-on régulièrement des entractes pendant lesquels les baladins exécutaient des pas de danse ou des airs à la mode. Cela laissait aux acteurs le temps de se grimer ou de changer de costume.
« Baladin, êtes-vous en âge de danser le ballet ? », demande le bourgeois gentilhomme. Mais les baladins en eurent bientôt assez de n'être que des faire-valoir. Ils quittèrent les théâtres pour les foires, où ils devinrent rapidement célèbres. Ils retrouvaient la tradition des soties et des farces du Moyen Âge et ne tardèrent

Bateleur donnant une représentation sur la place Saint-Sulpice, en 1923.
© Harlingue/Roger-Viollet

pas à s'inspirer des comédiens italiens, alors à la mode. À partir de ce moment, on appela indifféremment baladins tous les bateleurs. On trouvait parmi eux des montreurs d'animaux, des danseurs de corde, des nains, des femmes à barbe, des marionnettistes, des farceurs comme Gaultier-Garguille ou le célèbre Turlupin, des ventriloques tels Brioché, Verdelet ou Collet, des escamoteurs, des devins et même des monstres qu'on exhibait sous une tente.

Les femmes à barbe étaient nombreuses dans la communauté des baladins.
© Coll. Kharbine-Tapabor

Balais (marchand de)

Un marchand de balais et un chaudronnier.
© Coll. Kharbine-Tapabor

Personnage familier des rues parisiennes, le marchand de balais déambulait en chantant :

« Quand hasard est sur les balais
Dieu sait comment je bois à plein pot,
Il ne m'en chaut, soient beaux ou laids
Si les vendrai-je à mon mot. »

Furetière explique que l'on réalise des balais avec « de menues branches de bouleau liées ensemble au bout d'un bâton. On en fait aussi de genest, de jonc et de plumes pour nettoyer les tableaux et les meubles. On dit qu'un valet fait le balai neuf quand il sert bien les premiers jours qu'il est dans une maison ».

Baleine (marchand de)

« Lard à poids, lard à poids et baleine
De crier je suis hors d'haleine. »

Ce cri de la rue, les Parisiens du Moyen Âge l'ont bien souvent entendu. Le lard et le gras de baleine, appelé craspois, constituaient le principal apport en protéines des jours maigres, puisque la baleine était alors considérée comme un poisson. Les couvents en faisaient une grande consommation tout au long de l'année. La langue de l'animal était particulièrement prisée. « Leur passage vient en hiver depuis l'équinoxe de septembre et elles s'arrêtent en un lieu nommé "Chambre d'amour", proche des murs de l'ancien château de Ferragus, à une lieue de Bayonne », écrit Furetière, qui rapporte une curieuse caractéristique concernant l'huile de baleine : « Quoiqu'elle soit toute bouillante, on peut y tremper la main sans se brûler ! »

Barbier-chirurgien

Au Moyen Âge, le barbier, à l'instar du crieur de corps, propageait les nouvelles. C'est dans son salon qu'on venait écouter les dernières rumeurs de la ville et s'enquérir des potins de la cour ou du quartier. « Ici, on fait le poil propre », disait son enseigne. On y faisait surtout les barbes courtes et les réputations. Depuis les Carolingiens, la mode était aux visages glabres, puis sous François Ier et sous Louis XIII, ce fut l'ère des moustaches et des barbes taillées « à la française ». Mais le barbier ne se contentait pas de couper le poil et de friser les moustaches : il était également chirurgien. À ce titre, il pouvait pratiquer la saignée, poser des ventouses, arracher les escarres, panser les plaies ou vider les abcès. Ces interventions se passaient dans son salon, au milieu des conversations.

Les conditions d'aseptie étaient désastreuses et propres à développer les infections. Les médecins, d'un naturel fort jaloux, voulurent interdire ces pratiques et multiplièrent les procès. Tant et si bien qu'on distingua bientôt deux sortes de barbiers. Les barbiers-perruquiers (ou barbiers-barbants), dont l'enseigne était un bassin blanc, limitaient leurs compétences aux soins du poil. Les barbiers-chirurgiens, dont l'enseigne était un bassin

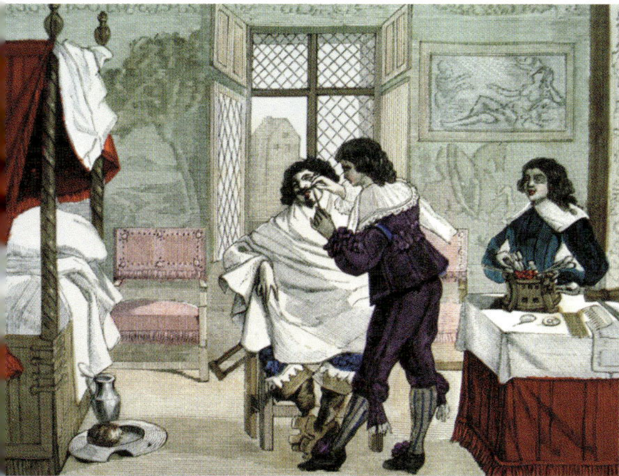

« Intérieur de la maison d'un barbier sous Louis XIII ». Gravure extraite de *Paris à travers les siècles*, de Genouillac, vers 1880.
© Coll. Perrin/Kharbine-Tapabor

Un barbier au travail sur les quais de la Seine. Carte postale, vers 1930.
© Coll. Alain Chevallier

jaune, entreprenaient toutes sortes d'opérations chirurgicales. Ces dernières n'étaient jamais le fait des médecins, lesquels ne s'abaissaient pas à d'aussi viles pratiques. Le célèbre Ambroise Paré était à l'origine… un simple barbier !

Batelier

« On le dit ordinairement des maîtres passeurs d'eau de Paris. »
Ils étaient une vingtaine à exercer sur la Seine à la fin du XVIIe siècle. Les statuts de la profession enjoignaient aux maîtres passeurs d'avoir « des flettes garnies de leurs avirons et crocs en nombre suffisant […] pour passer ceux qui se présentent depuis le soleil levant jusqu'au couchant avec défense de passer la nuit, à peine d'amende. […] À cinq, le nombre des passagers, suffisant, pour que les bateliers les passent, sans en attendre davantage. Ce sont ces bateliers qui, dans les grandes réjouissances, comme aux entrées solennelles des rois et reines dans la ville de Paris à leur mariage, à la naissance des dauphins et autres occasions, sont sur la rivière de Seine, ordinairement devant les galeries du château du Louvre. » Les bateliers se trouvaient devant le Louvre, port Saint-Paul et quai de la Tournelle, puis, au XVIIIe siècle, à la Rapée, au Mail, à la Grève et port Saint-Nicolas.

« Le Passeur ».
Dessin de G. Beuzon.
© PMVP/Briant

« C'est la barque à Caron. On y passe à toute heure. Le nautonnier, l'aviron en main, reçoit également le laquais et le maître, le savetier, le financier, le soldat et le prêtre, l'enfance, la jeunesse, la vieillesse, tout mortel entre dans la barque, paie le même prix et aborde sans distinction à la rive opposée. Le même voyage se fait deux cents fois par jour. » (Mercier)

Certains bateaux conduisaient aux portes de Paris, ce qui n'allait pas toujours sans encombre… « Les petits batelets qui sont à Saint-Cloud sont mal coupés ; les bateliers sont ignorants pour la plupart, les Parisiens les surchargent outre mesure et il leur arrive de chavirer. Il a fallu établir un garde et un préposé pour avertir le Parisien de ne pas se jeter plus de seize dans un batelet. » (Mercier)

Bedeau

Le bedeau fut d'abord un officier de l'Université qui jouait le rôle d'appariteur. On disait alors « être gras comme un bedeau », car celui-ci avait la réputation de ne rien faire et de vivre grassement. Puis il devint le deuxième auxiliaire du prêtre (le suisse étant le premier). Son prestige s'en trouva fortement diminué ; il ne portait plus qu'une simple robe de couleur rouge ou bleue en place de son ancienne livrée. Sa fonction demeurait celle d'un subalterne : il jouait les chasse-coquins, passait le plus clair de son temps à ranger les chaises ou à courir comme un diable de droite et de gauche pour de menues commissions. Son seul orgueil, sa seule fierté, était la verge de baleine qu'il portait les jours de cérémonie, et avec laquelle il fouettait sans ménagement les reins des clochards ou des chiens qui se glissaient dans l'église.

« Bedeau sonnant la cloche durant la célébration d'une messe ». Gravure extraite du *Rational des divins offices*, de Guillaume Durant, 1374.
© Bibliothèque nationale de France

Beignets (marchande de)

Le beignet était au XVIIIe siècle une friandise très en vogue. On en trouvait aux coins des rues, vendus à la criée par des marchandes qui se brûlaient les doigts en les faisant frire dans de l'huile ou du saindoux. La pâte à beignet était faite de farine délayée avec de la bière, un peu de sel et d'huile, à quoi l'on ajoutait deux ou trois blancs d'œuf fouettés. C'était une pâtisserie facile à réaliser et la seule qui pût se préparer en plein air, ce qui explique sans doute son succès. On trouvait des beignets de pommes reinettes, de poires, mais également de fraises, des beignets au fromage… Voici une recette un peu plus sophistiquée, que nous avons relevée dans le *Dictionnaire portatif de cuisine* :

On trouvait des beignets de pommes reinettes, de poires, mais également de fraises…

« Les beignets au blanc-manger : délayez une poignée plus ou moins de farine de riz bien fine dans du lait ; faites cuire, en remuant toujours, pendant une heure ou deux, selon la quantité et le feu. Si elle s'épaissit trop, mettez un peu de crème en cuisant, et, sur la fin, un peu de sucre et citron râpé, avec des blancs de poularde hachés très menus. Votre crème finie, versez sur votre tour à pâte avec de la farine dessus et dessous ; le tout refroidi, formez des boulettes de la grosseur d'une petite noix, bien rondes ; faites-en quatre assiettes pour un plat, et faites frire dans une friture bien chaude. Râpez dessus du sucre, et servez. »

Blanchisseuse-lavandière

Jusqu'à la fin du XVIe siècle, le linge sale se lavait en famille. On remplissait de grands chaudrons et on faisait bouillir le linge avant de l'étendre dans la pièce principale pour qu'il sèche. Puis on découvrit les vertus du savon, et l'on s'avisa qu'il était aussi pratique d'aller « battre la rivière », c'est-à-dire laver le linge dans l'eau courante. Ce fut le temps des lavandières. Chaque matin, elles allaient par dizaines sur les grèves de la Seine,

« La Blanchisseuse ». Estampe de Camille Bellanger, 1897.
© PMVP/Ladet

portant sous le bras ou sur la tête de grands baquets de linge sale. Elles devinrent si nombreuses et polluèrent tant le fleuve que plusieurs arrêtés de police leur interdirent « sous peine de fouet » de laver le linge en été entre Maubert et le Pont-Neuf. Les porteurs d'eau, qui s'approvisionnaient dans le coin, se plaignaient en effet de puiser une eau savonneuse, guère consommable.

La blanchisseuse-lavandière devint une des figures les plus illustres de Paris. Son franc-parler et sa gouaille attiraient sur la grève les badauds qui venaient la narguer. « À Chaillot, écrit Sébillot, les femmes qui étaient sur la grève à essanger leur linge, battre et laver leur lessive, nous dirent en passant mille sottises que la pudeur ne permet point de répéter. Les passagers ont répondu par des critiques si corsées que la plus vieille de ces

mégères, enragée de se voir démontée, a troussé sa cotte mouillée et nous a fait voir le plus épouvantable postérieur qu'on puisse jamais voir. »
La fête des lavandières avait lieu à la mi-carême. C'était une manifestation réputée qui, au XIXe siècle, faisait régulièrement la une des journaux. Lors de cette fête était élue la Reine des Lavandières, à qui l'on donnait un écuyer servant (le plus souvent un porteur d'eau). Ce couple royal embarquait dans un carrosse de louage et entraînait tout un peuple en liesse vers les guinguettes de la barrière des Martyrs. La Reine jouissait de nombreux privilèges et, à l'instar du Roi des Ribauds dominant la Cour des Miracles, elle exerçait sur ses sujets, un an durant, un pouvoir tyrannique.

On accusa longtemps les lavandières de détruire le linge dont elles avaient la charge, à force de potasse et de chaux; «et quand il a été cinq ou six foix à cette lessive, il n'est plus bon qu'à faire de la charpie.»

Les lavandières continuèrent de laver leur linge dans la Seine jusque vers 1840, date à laquelle s'imposèrent les bateaux-lavoirs. On les accusa longtemps de détruire le linge.
« Il n'y a pas de ville où l'on use plus de linge qu'à Paris. Telle chemise d'un pauvre ouvrier, d'un précepteur et d'un commis passe tous les quinze jours sous la brosse et le battoir, et les huit ou dix chemises du pauvre hère sont bientôt limées, trouées, déchirées, et disparaissent pour les manufactures de papier. Aussi, celui qui n'en a qu'une ou deux, ne les livre pas aux battoirs des blanchisseuses ; il se fait blanchisseur lui-même pour conserver sa chemise. Et si vous en doutez, passez le dimanche dans l'été sur le Pont-Neuf, à quatre heures du matin, vous verrez sur le bord de la rivière, plusieurs particuliers, qui vêtus à cru d'une redingote, lavent leur unique chemise ou leur seul mouchoir. Ils étendent ensuite cette chemise au bout d'une méchante canne, et attendent pour l'endosser que le soleil l'ait séchée. Il n'y a pas de lieu sur la terre, je le répète, où l'on use plus le linge à force de le frotter. On entend à un quart de lieue le battoir retentissant des blanchisseuses ; elles font aller ensuite la brosse à tour de bras ; et quand il a été cinq ou six fois à cette lessive, il n'est plus bon qu'à faire de la charpie. » (Mercier)

Le dernier bateau-lavoir de Paris en 1942, peu avant sa disparition.
© Harlingue/Roger-Viollet

Blanchisseuse de bateau

Pour mettre un peu d'ordre dans la vie agitée des lavandières et éviter de continuer à polluer la Seine, on créa vers 1840 les bateaux de selles, encore appelés bateaux-lavoirs. « Le bateau est grand, observe de Kock, il est long, il est recouvert d'un toit en planches supporté par des pièces de bois, tout cela parfaitement exposé au froid, au vent, à la pluie. Les blanchisseuses sont presque toutes à genoux sur le devant du bateau, les deux jambes dans une espèce de boîte en bois, le corps penché sur l'eau, et tellement penché quelquefois que l'on ne comprend pas comment la partie supérieure n'emporte celle qui est postérieure ; mais cet accident n'arrive presque jamais… »

Tireur à la blanque.
Gravure de Michel Poisson,
vers 1775.
© PMVP/Briant

Blanque (tireur à la)

« Voyons ces tireurs à la blanque
Qui pour ornement de leur
banque,
Ont quatre ou cinq gros marmousets
Plantez dessus des tourniquets ;
Tenans en main une escritoire,
Faite de bois, d'os ou d'yvoire,
Un peigne de plomb, un miroir,
Garny de papier jaune et noir ;
De chausse-pieds, des esguillettes,
Des couteaux pliants, des lunettes,
Un étuy de peigne, un cadran,
Barbouillez avec du saffran,
De vieilles heures Nostre-Dame
À l'usage d'hommes et de femmes,
Moitié français, moitié latin ;
De vieilles robes de satin [...] ;
Ça, Messieurs, mettez au hasard !
On tire deux fois pour un liard !
(Dit ce coquin, dans sa boutique,
Vestu d'un habit à l'antique,
Qui peste contre les passans
De ce qu'il n'a point de mar-
chans).
Pour un sou, vous aurez six balles !
À moy, Monseu ! Qui veut tirer,
Ça, chalans, hasard à la blanque :
De trois coups, personne ne
manque !
Avant que de me retirer ? »
(Berthod)

Le mot *blanque* dérive de l'italien *bianca,* qui signifie « loterie ». Il s'agissait d'une espèce de roulette, assez semblable à celle de nos forains, où le hasard permettait de gagner des lots suspendus dans la boutique. Si l'on perdait, on avait « trouvé blanque », l'expression signifiant qu'on n'avait pas trouvé ce que l'on cherchait. Le jeu de la blanque, introduit en France par les Italiens de la suite de Catherine de Médicis, disparut quand Casanova inventa la loterie. La formule « à la blanque » subsista quant à elle, signifiant « à tout hasard ».

Bois (marchand de)

« Le Porteur de bois ». Gravure d'Abraham Bosse, vers 1640.
© PMVP/Degraces

« Ceux que la pauvreté dispense
De se porter à la dépense,
De bonne heure vont se coucher
Parce que le bois est trop cher. »
(Boisrobert)

Durant des siècles, ils furent nombreux à se réchauffer ainsi au fond de leur lit. Le bois était fort coûteux, et il n'y avait guère que dans les grandes maisons aristocratiques que l'on entretenait un feu dans chaque pièce.

Dans les maisons bourgeoises, toute la famille se regroupait autour d'une unique cheminée. Chez les pauvres, c'est-à-dire la plus grande partie de la population, on ne chauffait quasiment pas les maisons.

Lors des grands froids hivernaux, des feux gigantesques étaient allumés à travers la ville, aux carrefours, sur les places… Il était de tradition, rapporte Franklin, pour les hauts fonctionnaires de l'Ancien Régime, d'installer d'énormes brasiers devant la porte de leur hôtel particulier. Les Parisiens venaient s'y réchauffer les mains.

Déchargement de bois sur le quai d'Austerlitz. Carte postale, vers 1905.
© Coll. Alain Chevallier

Le bois arrivait par bateaux ou sous forme de bois flotté. Les marchands le réceptionnaient sur les quais. Les mois d'octobre et novembre étaient des périodes particulièrement actives. Mercier raconte qu'il était alors impossible de circuler dans les rues de Paris. Les Parisiens se faisaient livrer à domicile. Les livreurs arrêtaient leur charrette en plein passage et débitaient le bois au milieu de la chaussée. Il n'était pas rare de voir à cette occasion un passant recevoir une bûche dans les jambes… ou sur la tête !

Bouchons (marchand de)

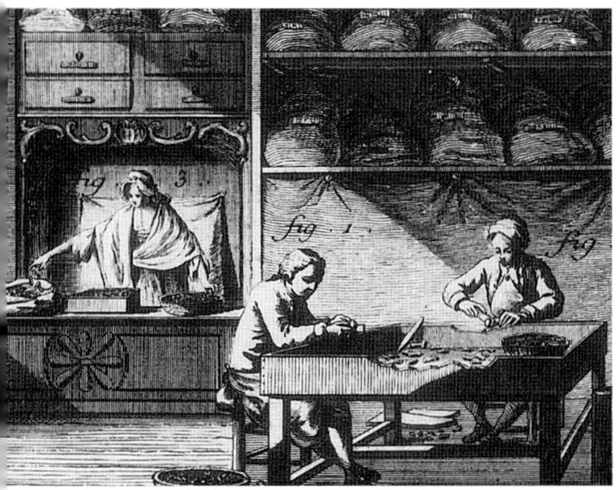

« Une fabrique de bouchons ». Estampe de Defehrt, extraite de l'*Encyclopédie* de Diderot et d'Alembert, 1762-1763.
© PMVP/Briant

Si l'on en croit *Les Trappeurs parisiens* d'Imbert, on trouvait à Paris, au XIXe siècle, une foule de badauds qui s'attachaient à récupérer les bouchons de liège flottant sur la Seine. Nul ne connaissait mieux qu'eux les endroits où le fleuve charriait ses immondices. Ils cueillaient les bouchons, les retaillaient à l'aide d'un canif, puis les vendaient à la sauvette. Pour ne pas se faire remarquer des gendarmes, ils suspendaient les bouchons sous leur manteau. Ce commerce n'intéressait pas seulement les ménagères ou les gens du peuple, de nombreux sommeliers et de grands restaurateurs faisaient aussi appel à eux.

Bouquetière

« On appelle ainsi à Paris ces femmes établies dans les Halles et marchés de la ville, ou aux portes des principales églises, qui agencent et qui vendent des bouquets de fleurs naturelles pour la parure des dames. » (*Dictionnaire universel de commerce*).

Les bouquetières parisiennes étaient renommées pour leur grâce et leur faconde. Souvent installées sous de grands parapluies colorés, elles proposaient aux passants leurs bouquets de fleurs.

« En route, je ne voyais et n'entendais que des bouquetières qui garnissaient les angles des rues ou se promenaient en criant *Des bouquets pour Jeannot, Jeannette*. D'autres, qui voulaient faire les puristes, disaient *pour Jean et Jeanne*. » (Restif de La Bretonne)

Une bouquetière.
Carte postale, vers 1905.
© Coll. Kharbine-Tapabor

Un boyaudier aux abattoirs de la Villette, en 1907.
© Boyer/Roger-Viollet

Boyautier (ou boyaudier)

Le boyautier était un artisan qui transformait les intestins d'animaux en cordes pour instruments de musique ou raquettes de jeu de paume. Il utilisait le plus souvent des boyaux de mouton ou d'agneau qu'il recevait dans leur état brut, entassés dans des hottes appelées bachoux. On imagine mal le nombre considérable d'opérations nécessaires à l'obtention d'une corde. Les boyautiers, qui travaillaient dans une odeur pestilentielle, ne revêtaient pas moins de trois tabliers et une bavette. Ils commençaient par vider les intestins, puis les faisaient bouillir dans un chaudron. Ensuite, ils les étiraient sur un dégraissoir et les blanchissaient, les cousaient entre eux et, enfin, les filaient.

Pendant longtemps, les boyautiers prétendirent détenir le secret de faire chanter les cordes et de leur donner une âme. Ce secret, soigneusement gardé par la corporation, était bien entendu une légende : il y avait plus de savoir-faire que de magie dans le travail du boyautier.

Buvetier (ou buffetier)

Au XIIIe siècle, une cinquantaine de buffetiers étaient déjà mentionnés dans les registres de la taille. On trouvait chez eux de l'eau-de-vie mais aussi du vinaigre. L'actuelle rue des Lombards s'appelait rue de la Buffeterie.

Les clients venaient déguster l'eau-de-vie dans de petits verres et parler de leurs affaires. Puis le terme *buvette* concerna plus particulièrement le lieu établi dans toutes les cours et juridictions où les conseillers venaient prendre un doigt de vin « quand ils étaient trop longtemps en l'exercice de leurs charges ou qu'ils devaient débattre de leurs affaires communes». (Furetière)

Berthod, dans *Paris en vers burlesques*, décrit ce qu'était au XVIIe siècle la buvette du Palais :

« Nous entrerons dans la buvette
Tu verras une cahuette
Où tous les Messieurs vont manger
[...] Qu'avez-vous à ce crochet ?
Monsieur, c'est du lard de baleine
— Fi ! Cela fait mauvaise haleine.
[...] Choisissez : voilà des lentilles
Des raisins, de bonnes noisilles
Des excellens pois fricassez
Qui ne sont pas mal épicés
De petits fromages de Brie,
Çà, dîtes-moi donc, je vous en prie
Messieurs, que voulez-vous manger ?
Dîtes ce que vous voulez prendre !
Je n'ay pas le loisir d'attendre !
— Donnez-nous du vin seulement
Nous boirons un coup vistement. »

Les termes *buffet*, *buvette* et *beuvette* étaient alors employés indifféremment.

Littré distinguera la buvette, lieu « de rafraîchissement dans les chambres législatives et, dans les stations de chemin de fer, endroit où l'on donne à boire », du buffet, « en ce que le service du buffet est plus relevé et plus cher ».

« Un cabaret sous Louis XV ». Gravure extraite de *Paris à travers les siècles*, de Genouillac, vers 1880.
© Coll. Kharbine-Tapabor

C

Cabaretier

L'*Almanach des métiers* de 1852 précise que les cabaretiers ont choisi Grégoire comme saint patron parce que c'était le seul prénom qui rimait avec… boire! C'est assez dire la réputation d'enivreur public endossée par le cabaretier. Il ne faut pourtant pas le confondre avec le tavernier. Ce dernier offrait à boire dans une échoppe (la taverne, ancêtre du bistrot) alors que le cabaretier servait avant tout à manger. Il fut le précurseur du restaurateur dont le premier établissement apparut à la fin du XVIIIe siècle. Certes l'habitude de manger ailleurs que chez soi fut tardive, mais elle devint si coutumière qu'elle est aujourd'hui un signe distinctif du Parisien. Il n'est pas d'autre ville en France où l'on déjeune aussi fréquemment au restaurant. Le cabaret devint très vite le lieu des plaisirs et des révoltes. Nombre de nos grands écrivains furent des habitués des cabarets. Ainsi, Rabelais affectionnait particulièrement *La Pomme de Pin*, rue de la Juiverie. Racine et Molière fréquentaient *La Croix de Lorraine*, place du cimetière Saint-Jean, Ronsard *Le Sabot*, faubourg Saint-Marcel et Rousseau et Diderot dînaient au *Panier Fleuri*, rue Tirechappe.

« Dès que la nuit reprend son tour
Je m'enferme dans la taverne
Et n'en pars jamais que le jour
N'y fasse pâlir ma lanterne.
Je veux mourir au cabaret
Entre le blanc et le clairet. »
(Maynard)

Café (marchand de)

Si l'on en croit la légende, le café viendrait du Yémen. Un berger yéménite s'étonnait que ses chèvres ne dormissent presque plus. Il s'en inquiéta auprès du prieur d'un couvent voisin. Ce dernier alla observer le troupeau et vit que les chèvres avaient l'habitude de brouter un arbrisseau aux curieux fruits rouges. Il ramassa quelques grains, les fit bouillir et goûta cette décoction. À son grand étonnement, il ne dormit pas de la nuit et ne ressentit aucune fatigue. Cette découverte lui fut fort utile : il se plaignait régulièrement que ses moines s'endorment pendant les prières ; grâce à sa boisson miracle, ils devinrent tous d'une piété exemplaire.

En France, il faut, semble-t-il, attendre 1615 pour trouver trace du café. Un Italien, du nom de Pietro Della Valle, écrit : « Les Turcs ont un breuvage dont la couleur est noire, qui pendant l'été est fort rafraîchissant, au lieu qu'il échauffe l'hiver, sans changer pourtant d'essence et demeurant toujours la même boisson. On l'avale chaud, parce qu'il passe par le feu, et on le boit à longs traits, non pas durant le repas mais après, comme une espèce de friandise et par gorgées, pour s'entretenir à son aise dans la compagnie des amis, et l'on ne voit guère d'assemblée parmi eux où l'on n'en boive. Ils nomment ce breuvage cahué ; ils le font avec la graine d'un fruit d'un certain arbre qui croît en Arabie vers La Mecque. Ils disent aussi qu'après le souper il empêche que l'on s'assoupisse ; et pour ce sujet, ceux qui veulent étudier la nuit en prennent plusieurs fois. »

> « Si l'on veut croire les Turcs, le café contribue notablement à la santé, aide à la digestion, fortifiant l'estomac et arrêtant le cours des fluxions et des catarrhes. »

Le café fit son entrée officielle en France en 1669, lors de la visite que fit Soliman Aga Mustapha Raca, émissaire de Mahomet IV, à la cour de Louis XIV. Celui-ci multiplia les largesses pour impressionner son visiteur, mais ce dernier resta impassible, préférant aux fastes de la cour le plaisir d'un café pris dans son hôtel particulier. La noblesse découvrit alors cette boisson dont on disait des merveilles. Il fallut pourtant attendre 1672 pour qu'un Arménien du nom de Pascal ouvrît la première maison de café. Ce fut un

Une marchande de café au lait.
Carte postale, vers 1900.
© Coll. Kharbine-Tapabor

échec, car le café était alors considéré comme un médicament. Le succès devait venir avec la naissance du Procope, le café le plus célèbre du monde, qui fut un haut lieu de la vie intellectuelle parisienne du XVIIIe siècle. Dès lors, les cafés se multiplièrent. On en comptait plus de trois cents en 1716.

Le café devint une boisson si populaire qu'il fut bientôt vendu à la criée par des marchands ambulants. « Au coin des rues, à la lueur d'une pâle lanterne, des femmes portant sur leur dos des fontaines de fer-blanc, en servent dans des pots de terre pour deux sols. Le sucre n'y domine pas, mais enfin l'ouvrier trouve ce café au lait excellent. S'imaginerait-on que la communauté des limonadiers, déployant des statuts, a tout fait pour interdire ce trafic légitime ? Ils prétendaient vendre la même tasse cinq sols dans leurs boutiques de glaces. Mais ces ouvriers n'ont pas besoin de se mirer en prenant leur déjeuner. » (Mercier)

Une cardeuse de matelas dans le passage Vandrezanne, 13ᵉ.
Carte postale, vers 1905.
© Coll. Alain Chevallier

Cardeur de matelas

« Celui qui veut trop faire dépendre son bonheur de sa raison, qui le soumet à l'examen, qui chicane pour ainsi dire ses jouissances, et n'admet que des plaisirs délicats, finit par n'en plus avoir. C'est un homme qui, à force de faire carder son matelas, le voit diminuer, et finit par coucher sur la dure. » (Chamfort)

Matelassier, faiseur et batteur de matelas, c'est ainsi qu'on le nommait au Moyen Âge. Les lits des demeures riches possédaient des dimensions étonnantes à nos yeux. Larges parfois de quatre mètres, on pouvait y coucher à plusieurs. Ces lits si imposants n'étaient guère faciles à entretenir. Les servantes utilisaient pour ce faire un bâton spécial, dit bâton de lit.

Quelques siècles plus tard, les dimensions des matelas devenues plus modestes, on prit l'habitude de carder les matelas, c'est-à-dire de les ouvrir, de séparer les fils de laine et de coton pour redonner du volume et enfin de recoudre l'enveloppe de toile.

Le plus souvent, c'étaient des femmes âgées qui s'en chargeaient. À la belle saison, on trouvait les cardeuses adossées aux murs de la place des Canettes ou du Caire, attendant le client en papotant entre elles. Elles travaillaient dans les cours d'immeubles où elles s'installaient avec matelas et outils. Si le temps était trop mauvais, les cardeuses s'engageaient auprès de matelassiers et préparaient le crin dans de minuscules ateliers.

Cartons (marchand de)

Le marchand de cartons était pittoresque, avec son amoncellement de boîtes de toutes dimensions qu'il empilait sur sa brouette. Que cet étrange chargement ne se renversât jamais, voilà qui défiait les lois de la physique. Jusqu'à l'avènement des matériaux industriels, le carton fut la matière la plus utilisée dans la vie quotidienne. Il en existait de toutes sortes. Il suffisait de fouiller dans la brouette pour trouver son bonheur.

> « Des cartons
> De jolis cartons, Mesdames,
> Pour serrer vos châles et vos robes
> Cartons ronds, cartons carrés. »

« Le Marchand de carton ». Lithographie de Carle Vernet, vers 1820.
© PMVP/Pierrain

Chaises (loueuse de)

« Une sauterelle de jardin public. Inopportune, elle bondit sur le promeneur qui s'installe. De la sauterelle, elle possède encore le costume uni et les cuisses maigres. Toujours vêtue de noir, elle circule attentive et méfiante autour des pelouses et des bassins. On la redoute. Dès qu'on voit poindre sa sacoche au travers des arbres, on abandonne la place. En dépit de ruses de Sioux, elle arrive à temps pour toucher sa créance. » Dans son livre *Il n'y a pas de sot métier*, R. Hesse consacrait ces lignes à la loueuse de chaises, qui sévissait dans les squares et jardins publics.

Une loueuse de chaises récoltant son dû. Photographie de Jérôme Doucet.
© Coll. Alain Chevallier/ Photo J.-M. Drouet

Chanteur public

« Il y en a de deux sortes ; les uns lamentent de saints cantiques, les autres débitent des chansons gaillardes [...]. Celui qui parle en faveur des choses saintes a les cheveux plats et l'air niais ; celui qui chante des batailles a l'air d'un luron, sa trogne est enluminée ; le groupe est plus nombreux près de ce dernier et ce contraste représente assez bien le petit nombre des élus et la foule des réprouvés. [...] Il y a encore les complaintes sur les pendus et les roués que le peuple écoute la larme à l'œil, et qu'il achète avec empressement. Quand par bonheur pour le poète du Pont-Neuf, quelque personnage illustre monte sur l'échafaud, sa mort est rimée et chantée avec le violon. Ainsi à Paris, tout est matière à chansons et quiconque, maréchal de France ou pendu, n'a pas été chansonné, a beau faire, il demeurera inconnu au peuple. » (Mercier)

Chanteuses publiques dans la rue Simon-le-Franc, 4e. Carte postale, vers 1905.
© Coll. Alain Chevallier

Le Pont Neuf était le haut lieu des chanteurs parisiens. À tel point que l'on appelait pont-neuf toute chanson populaire. Parmi les plus célèbres voix, citons Philippot le Savoyard, dit l'Orphée du Pont-Neuf, Jacques Landouille, l'Apollon de la Grève, Georges l'Altéré, le Gaillard Boiteux... On mettait tout en chanson : les grands procès, les hauts faits de brigandage, les supplices sur la place de Grève... On chansonna beaucoup au XVIIIe siècle. Les railleries et critiques des gouvernements sous couvert d'airs à la mode ne manquaient pas. Peu de temps avant la Révolution, Mercier note : « Point d'événement qui, chez ce peuple moqueur, ne soit enregistré par un vaudeville... De tout temps, ils ont été plaisants, malins mais ils deviennent trop durs, trop méchants depuis que les hommes de cour s'avisent de les faire corriger. »

Chapelière de fleurs (ou floreresse de coiffe)

Durant le Moyen Âge, on usa beaucoup de fleurs et de feuillages lors des fêtes dans les maisons riches. On offrait à chaque convive une couronne de fleurs de saison et on disposait sur le sol des brassées de feuillages frais. Chaque fille ceignait un chapel de fleurs le jour de ses noces. On payait même certaines redevances aux seigneurs sous forme de chapels de fleurs. De toutes les fêtes, celle des Rois était la plus célébrée et augurait une période de travail très intense pour les chapeliers de fleurs. La mode des couronnes fleuries s'éteignit au cours du XVIIe siècle. La bouquetière prit la relève du chapelier de fleurs.

Chez la modiste.
Tableau d'Edgar Degas, huile sur toile, 1879-1884, Art Institute of Chicago.
© Bridgeman Art Library

Chapelier en vieux (ou crieur de vieux chapeaux)

« Ceux qui achètent de vieux chapeaux pour les raccommoder et les repasser, tels que sont les chapeliers qui étalent sous le Petit Châtelet. » (*Dictionnaire universel de commerce*)

Homme ou femme, tous portaient couvre-chef afin de se garantir du temps et d'entretenir la santé de leur corps. De couleur grise le plus souvent, ces coiffes étaient confectionnées en laine d'agneau ou de lapin.

Les chapeaux d'occasion se vendaient dans les rues. Les statuts régissant le métier au XVIIe siècle obligeaient les chapeliers en vieux « pour remédier au malheur des maladies contagieuses, avant que de les vendre, d'avoir soin de les nettoyer, dégraisser bien et dûment les lessiver en bouillon de teinture pour en corriger tout le mauvais air ».

« La Marchande de vieux chapeaux et de torchons ». Lithographie de Carle Vernet, vers 1820.
© Coll. Debuisson/ Photo J.-C. Doër

Chantier de la Société des charbonniers réunis de la gare Paris-Gobelins, vers 1910.
© Coll. Kharbine-Tapabor

Charbonnier

« Le Charbonnier ». Lithographie de Carle Vernet, vers 1820.
© Coll. Debuisson/ Photo J.-C. Doër

« J'aimerais avoir la foi de mon charbonnier, qui est heureux comme un roi et con comme un panier. » Ces vers de Brassens témoignent de la considération dont jouissait le charbonnier d'autrefois. Dur à la tâche, têtu comme une bûche, âpre au gain et obstiné comme tous les Auvergnats, il avait également la réputation de ne pas croire aux « menteries » des Parisiens. Foin des discours et des palabres, il restait campé sur ses certitudes et n'en démordait pas. Les charbonniers formaient une communauté à part. Jamais ils ne se mêlaient aux autres corporations. Ils avaient leurs propres lois, réglaient leurs affaires entre eux et lorsqu'ils avaient besoin de main-d'œuvre, faisaient appel à un gars du pays, un Auvergnat comme eux, qui saurait perpétuer les traditions. Le dimanche, ils se réunissaient chez l'un ou l'autre pour danser la bourrée, chanter et manger l'aligot. Les mariages se faisaient entre Auvergnats et rares étaient ceux qui dérogeaient à cette tradition. Les charbonniers, ou bougnats, prirent l'habitude d'ouvrir de petits bistrots à côté de leur commerce de bois et de charbon. Ces débits de boisson – il en subsiste quelques-uns – attiraient les débardeurs, les ouvriers et tous les lève-tôt de la capitale. L'ambition de tout charbonnier était de gagner assez d'argent à Paris pour pouvoir retourner vivre en Auvergne, y ouvrir un café et mourir respecté des siens.

Chasse-marée

Ce métier remonte au haut Moyen Âge. Le chasse-marée était un marchand-voiturier qui approvisionnait la capitale en poissons. Pas seulement le poisson d'eau douce, barbeau, anguille, carpe, tanche, brochet, écrevisse ou omble chevalier, qu'il pouvait aisément pêcher dans les eaux de la Seine, de la Marne ou de la Bièvre. Ni de ces poissons séchés ou marinés dans la saumure, tels hareng, anchois, maquereau, sardine et morue. Non ! Du poisson, du vrai, pêché en haute mer, au large des côtes de Picardie et de Normandie, et rapporté tout frétillant à bord de lougres dans les ports de Dieppe, du Havre ou de Boulogne.

Au débarquement, le chasse-marée entrait en action : il emplissait des mannequins d'osier, de forme ronde et longue, appelés torquettes. Chaque torquette contenait une seule espèce de poisson. Son poids était fixe, ce qui évitait les fraudes. Puis le chasse-marée attelait ses chevaux, et fouette cocher ! Il partait à bride abattue vers la capitale. On disait alors : « aller d'un train de chasse-marée », ce qui signifiait aller du train du diable, rouler trop vite. Car le chasse-marée était tenu d'être à Paris pour l'ouverture de la halle aux poissons. Il roulait le plus souvent de nuit, traversant tel un fantôme villes et villages endormis, agitant au passage le grelot suspendu au harnais des chevaux. Le chasse-marée occupait dans la société une place enviée et enviable, comme en témoigne l'obligation faite aux services municipaux des villages traversés d'entretenir les rues, afin qu'il puisse circuler plus commodément. Des corvées étaient organisées pour paver les routes, et nul n'y pouvait échapper.

Au point du jour, le chasse-marée arrivait à Paris. Sa traversée de la capitale suivait toujours le même parcours. Il traversait le faubourg Poissonnière et se dirigeait vers les Halles ou vers le pont au Change. Des débardeurs s'occupaient aussitôt des torquettes et répandaient le poisson sur des pierres immenses en guise d'étals. La vente ne pouvait toutefois commencer tant que le cuisinier du roi n'était pas venu en personne choisir les meilleurs poissons. Pendant ce temps, vite, toujours plus vite, le chasse-marée était reparti vers la mer et sa prochaine livraison !

Un chasseur de rats
dans les égouts parisiens,
vers 1900.
© Boyer/Roger-Viollet

Chasseur de rats

Lors de la guerre de 1870, l'approvisionnement à Paris était devenu si difficile qu'on vit bientôt certains bouchers proposer à leurs clients des rats d'égout à trois francs la pièce. « Nous déjeunâmes d'un rat, écrit Stephen Cock, et le trouvâmes fort excellent. » Ce commerce peu habituel suscita un nouveau métier : chasseur de rats. Ils exerçaient depuis longtemps à Paris. Toutefois leurs prises n'étaient pas destinées à la consommation mais au dressage des chiens. Les dresseurs se servaient des rats comme de proies vivantes et entraînaient leurs molosses à les dévorer à belles dents. Le commerce des rats intéressait aussi les organisateurs de combats. La férocité, la résistance et la bravoure de ces animaux en faisaient d'intrépides combattants capables de lutter jusqu'à la mort contre des chiens ou des hyènes. Les combats, généralement clandestins, attiraient de nombreux parieurs. Naturellement, les rats de Paris avaient la réputation d'être les plus valeureux.

Le chasseur procédait de deux façons pour attraper les rongeurs. Soit « à la gargouille », en utilisant une boîte à double compartiment qu'il plaçait de nuit à la base d'une gouttière. Soit « au sac », dans les égouts de la ville, mais il fallait pour cela une autorisation des services municipaux. Les chasseurs de rats nous ont laissé une fort jolie expression, « payer en chats et en rats », ce qui signifie payer mal ou en petites parties.

Chaudronnier

Furetière évoque un artisan qui « fait ou qui vend des chaudrons, des reschauts et autres ustensiles de cuisine. Un sifflet de chaudronnier est un sifflet composé de plusieurs petits tuyaux de fer blanc qui leur sert à se faire connaître en criant par les rues. On reproche aux chaudronniers qu'ils sont sujets à mettre la pièce auprès du trou, ce qui se dit figurément de ceux qui raccommodent mal quelque besogne que ce soit ».

Les chaudronniers-menuisiers (le terme menuisier qualifiait l'artisan de haut niveau) étaient de véritables artistes. Ils réalisaient des fontaines, des baignoires ouvragées et des bassinoires en cuivre repoussé pour réchauffer les lits.

Les chaudronniers grossiers, à l'inverse, se contentaient des ouvrages les plus simples, chaudrons ou casseroles.

Quant aux chaudronniers dits au sifflet, qu'on voyait arpenter les campagnes, ils étaient inconnus dans Paris. La corporation parisienne, bien établie depuis le XIVe siècle, leur interdisait l'entrée dans la capitale.

**« Chaudron troué, trou,
madame,
Chaudron troué
à réparer
Je vends
des cuillères
Et des salières
Et des bénitiers
Et des boutons
de braies. »**

« Un chaudronnier ». Gravure d'après Michel Poisson, 1774.
© PMVP/Degraces

Chauffe-cire

C'était l'officier royal qui apposait le sceau du roi sur les actes officiels. Au nombre de quatre, ils accompagnaient le roi dans les grandes cérémonies, et marchaient, à cette occasion, tête nue de chaque côté d'une jument blanche portant le sceau royal. La cire utilisée était une gomme appelée cire d'Espagne, qui servait aussi à sceller les lettres. Cette cire provenait de la gomme d'un prunier des Indes orientales.
Il existait trois couleurs de cire : verte pour les arrêts, jaune pour les expéditions, rouge pour tout ce qui concernait le Dauphiné et la Provence.

Chienneur (ou tondeur de chiens)

De tout temps, les Parisiens ont aimé s'entourer de chiens. « À Paris, où il y a beaucoup de chiens de toutes espèces, il y a aussi une grande quantité de personnes qui ne font d'autre métier que celui de tondre les chiens. Le plus grand nombre de ces tondeurs habitent les endroits les plus passagers comme les trottoirs des ponts, et ont des enseignes où sont leurs noms et leurs demeures. Non seulement ils tondent ces animaux sur les places qu'ils occupent, ils vont encore dans les maisons quand on le juge à propos. » (Savary)
Mercier cite le cas de Thomas, qui écrivit sur son enseigne : *Thomas tond les chiens et sa femme va-t-en ville*, et de son épouse, qui s'entendait à merveille avec les bêtes : « Elle leur prodigue des caresses, en prend quatre dans son tablier, les médecine avec succès et les met d'accord en les baisant tour à tour ; ils sont sous ses jupes où ils jappent de reconnaissance. [...] Les chiens de distinction ne sont pas tondus sur le parapet, cela est bon pour les chiens ordinaires ; mais la femme de Thomas ne renvoie personne, ni les chassieux, ni les galeux qu'il faut emmuseler et tondre avec plus de soin. »
Au XIXe siècle, les tondeurs s'installaient sur les berges de la Seine. Les plus réputés officiaient au pont des Arts et au pont de Solférino. Ils reven-

daient les poils des chiens aux fabricants de matelas, ceux des caniches étant particulièrement recherchés. La belle saison était la période la plus fructueuse pour leurs activités. Dans les rues, on entendait le cri : *Tond les chiens, coupe les chats* des tondeurs ambulants qui arpentaient le pavé, la boîte à outils sur l'épaule.

Il existait une autre catégorie d'individus, mi-marchands, mi-tondeurs et surtout voleurs de chiens. Ils possédaient des techniques sûres pour maquiller les bêtes, les teignaient, leur coupaient un bout d'oreille… Ils pouvaient alors les amener aux marchés aux chiens qui se tenaient boulevard de l'Hôpital et, le dimanche matin, en face de l'Hôtel-Dieu.

Un chienneur en plein travail.
Carte postale, vers 1905.
© Coll. Alain Chevallier

La toilette après la tonte.
Carte posale, vers 1905.
© Coll. Kharbine-Tapabor

Un chiffonnier de la zone pose fièrement au milieu de ses « trésors », vers 1930.
© Harlingue/Roger-Viollet

Chiffonnier

« Lorsqu'un homme est sans ressources et qu'il peut en trouver en fouillant dans les tas d'ordures, il faudrait qu'il n'eût pas sept francs dans sa poche pour se priver d'une hotte et d'un crochet. Dès qu'il est armé chiffonnier, dès qu'il s'est familiarisé avec l'ignominie de ce sale métier, après l'avoir adopté par nécessité, il le continue par inclination. Il se complaît dans sa vie nomade, dans ses promenades sans fin, dans son indépendance de lazzarone. Il regarde avec un profond mépris les esclaves qui s'enferment du matin au soir dans un atelier, derrière un établi. » (La Bédollière)
Les chiffonniers étaient fiers, d'une fierté farouche et vaniteuse. Nul n'aurait pu s'établir chiffonnier sans l'aval de la communauté. Ceux qui se risquaient à chiffonner pour leur compte étaient vite remis dans le droit chemin. Les chiffonniers vivaient dans un état de misère indescriptible : leur contact avec le monde se réduisait à rien, car ils ne connaissaient guère que les ordures et leur cité de chiffonniers.

Chiffonniers à Paris.
Carte postale, vers 1930.
© Coll. Alain Chevallier

« Qui a de vieux chapeaux
De vieux souliers, de vieilles bottes,
De vieux guenillons, de vieux chiffons
Remplis de crottes ?
Achetons, vendons
Commère Jeanneton
Pour boire du vin
Tant au soir qu'au matin. »

« Chaque nuit, écrit Delvau, qui leur a consacré un livre, *Les Rois du ruisseau,* ils devancent l'aurore. Par groupes, par familles entières, père, mère, filles, fils et souvent petits enfants. Ils quittent leurs taudis pour venir effectuer dans les poubelles parisiennes la quotidienne moisson d'objets de toutes sortes, d'os, de chiffons, de papiers, de déchets domestiques, que leur industrie saura classer, trier, nettoyer ou raccommoder. [...] Chassés d'un endroit, ils vont ailleurs, plus loin, dans la banlieue et toujours, malgré les ordonnances de police qui les malmènent, aussi fiers, aussi libres, aussi inasservis. Vivant de l'ordure, ils ont la prétention de ne rien devoir qu'à elle, l'abjection même de leur état leur confère le droit d'être orgueilleux. »

La technique était invariable. D'abord, ils tendaient sur le trottoir un drap sur lequel ils déversaient les ordures. Munis de leur crochet, ils repéraient les objets susceptibles d'être revendus et les fourraient dans leur hotte. Souvent, ils trouvaient là de quoi manger ce qui serait peut-être leur unique repas de la journée.

La profession, qui comptait trente mille membres en 1880, était très hiérarchisée. Il y avait les piqueurs, qui allaient à la glane, au petit bonheur des rues, avec leur hotte appelée cachemire d'osier. On trouvait aussi les chiffonniers-placiers, qui utilisaient une charrette et travaillaient toujours dans le même quartier. Leur accointance avec les cuisiniers et les concierges leur procurait une situation enviable, au point que leur place se vendait comme une étude notariale.
Enfin, les maîtres-chiffonniers achetaient en gros la récolte des piqueurs et des placiers pour la revendre.
Cet art de la « récupe » ne tarda pas à attirer l'attention des industriels, conscients qu'il y avait là matière à faire de l'argent. Ils voulurent prendre en charge le traitement des ordures, mais les chiffonniers n'étaient pas hommes à se laisser déposséder de leur unique ressource. Il s'ensuivit une véritable... bataille de chiffonniers. Les industriels firent pression sur les autorités, arguant des dangers que faisaient courir les chiffonniers, avec leur hygiène déplorable, présentant le risque constant d'épidémies. Le préfet de la Seine intervint. Il fit publier un arrêté « interdisant aux chiffonniers de vider les récipients sur la voie publique ou de faire tomber à l'extérieur une partie de leur contenu pour y chercher ce qui peut convenir à leur industrie ». Ce préfet hygiéniste s'appelait monsieur Poubelle ; il légua à la postérité la boîte à ordures. Son arrêté de 1884 mit progressivement fin à l'une des professions les plus originales de Paris. Les chiffonniers, encore appelés biffins ou hotteux, s'effacèrent du paysage parisien.

« Quand les croûtes sont propres, nous les mangeons ; quand elles sont sales, nous les faisons manger aux bourgeois sous forme de chapelure ou pain d'épices. » (Delvau)

On en trouvait encore, toutefois, jusque dans les années quarante. Installés dans certaines banlieues proches ou dans la zone, ces vastes terrains vagues qui s'étendaient aux portes de Paris, ils vivaient dans des conditions d'hygiène déplorables. Ils ne disparurent vraiment qu'avec la construction du boulevard périphérique.

Cirier

« Comme on dit à Paris ou ciergier dans les provinces » (*Dictionnaire universel de commerce*)

Le cirier faisait commerce de cire. Il fabriquait ou faisait fabriquer cierges, bougies, flambeaux et torches. Au Moyen Âge, le cirier fournissait les luminaires des maisons seigneuriales.

Partout ailleurs, on utilisait les chandelles de suif, Philippe le Bel ayant décrété que « nul bourgeois ou bourgeoise, nul écuyer ou duc, s'il n'est prélat ou en plus grand état, n'aura torche de cire ! » Il en résultait un éclairage malodorant et de maigre qualité. Ce que roi veut…

Au XVIIIe siècle, toutes les provinces de France qui fournissaient du miel fournissaient également de la cire jaune. Les cires provenant de Bretagne et de Champagne étaient les plus réputées.

Pour s'assurer d'une bonne lumière, l'homme avisé devait vérifier la qualité du produit : « Il faut choisir la cire jaune, haute en couleur, d'une bonne odeur, facile à casser, qui ne tienne point aux dents quand on la mâche et qui soit purifiée. » (Savary)

Un atelier de cirier. Gravure extraite de l'*Encyclopédie*, de Diderot et d'Alembert, 1762-1763.
© Coll. Jonas/Kharbine-Tapabor

Cocher

« Valet qui mène un coche, un carrosse. Un cocher domestique, un cocher de louage, un maître cocher et son postillon. C'est une charge à la Cour que celle de cocher du corps, de celui qui mène le carrosse du Roi ou des Princes », note Furetière.

Le roi de France avait évidemment plusieurs cochers. Ceux qui conduisaient les attelages de sa suite, nommés cochers du roi, étaient parfois au nombre de vingt-cinq.

Le cocher dit domestique était l'un des serviteurs indispensables à la vie des gens de condition, ainsi que le cuisinier, le laquais et la femme de chambre de la maîtresse de maison.

Personnage envié par les autres employés, souvent le mieux payé de tous, il disposait, dans les grandes maisons, d'une sorte de second, appelé postillon, que l'on pouvait voir à l'avant des attelages à six chevaux. Audiger, dans *La Maison réglée,* explique qu'un grand seigneur du XVIIe siècle ne pouvait avoir moins de quatorze chevaux de carrosse, qui faisaient deux attelages et donc deux cochers, deux postillons, deux garçons de carrosse et quatre palefreniers. S'il était marié, sa femme possédait un attelage supplémentaire pour ses sorties en ville.

Tout le monde reconnaissait aux cochers de louage de grandes dispositions à jurer – « chanter comme un fiacre », disait-on alors – et à boire force vin. Certains s'en offusquaient, tel Goldoni : « Il semble qu'on les choisisse parmi les hommes les plus malpropres et les plus grossiers, on n'entend que de leurs impertinences. » D'autres s'en accommodaient : « Plus les cochers sont ivres, plus ils fouettent leurs chevaux, et vous n'êtes jamais mieux mené que quand ils ont perdu la tête. » (Mercier)

Il faut mesurer que la pratique du métier n'était guère facilitée par les embarras urbains. « Ici les boueurs barrent la rue et restent deux heures à relever les ordures, là est une charrette chargée d'une pierre si lourde que les chevaux ne font que la retenir, le limonier en arrête seul tout l'effort : c'est à chaque pas un vrai miracle. Les voitures à tonneaux d'eau, dont le nombre est considérable, obstruent le passage. » (Mercier)

Un cocher de fiacre.
Carte postale, vers 1905.
© Coll. Alain Chevallier

Au début du XXe siècle, les premières femmes cochers firent sensation. Plusieurs cartes postales furent éditées pour célébrer l'événement… ou ironiser sur le « progrès ».
© Coll. Kharbine-Tapabor

Au XIXe siècle, les voitures se nommaient fiacres, cabriolets, milords, carolines, citadines, zéphyrines, atalantes ou carrosses. On avance le chiffre de cinquante-trois mille voitures pour l'année 1841 !
Il existait même des écoles pour les apprentis cochers, souvent de jeunes provinciaux montés à Paris. Venus d'Auvergne et du Limousin, une fois les récoltes finies, ils passaient l'hiver dans la capitale. La géographie des lieux leur étant inconnue, les professeurs, eux-mêmes d'anciens cochers, avaient mis au point une technique éprouvée pour la leur faire découvrir. Les quinze premiers jours de cours se passaient à arpenter les grandes artères, à mémoriser les carrefours et à repérer les raccourcis. L'élève initié pouvait alors apprendre la conduite. Fouette cocher ! Il ne lui restait plus qu'à écraser son premier Parisien.

Un petit vendeur
de lacets à Paris, en 1907.
© Boyer/Roger-Viollet

Coco (marchand de), voir Tisane (marchand de)

Colporteur

Selon Savary, on appelait colporteur « le marchand qui allait vendre des marchandises par les rues et qui les portait dans une manne ou cassette pendue à son col. Les colporteurs vendaient des images, des étuis, des ciseaux, des lacets et autres menues marchandises. On le disait particulièrement des crieurs de gazettes, d'édits et autres feuilles volantes, qui étaient nouvelles et d'un prompt débit. Le mot colporteur avait aussi le sens du contreporteur, c'était celui qui vendait des ouvrages ou marchandises en cachette [...]. »

Cette seconde qualité faisait des colporteurs les spécialistes de la littérature séditieuse. Ils furent longtemps suspectés par la police de semer le désordre et de fomenter des complots. Mais ils étaient « trop simples pour penser double » et la plupart ne savaient pas même déchiffrer un texte. « Ces pauvres colporteurs, écrit Mercier, qui font circuler les plus rares productions du génie, sans savoir lire, qui souvent servent à leur insu la liberté publique pour gagner un morceau de pain, portent toute la mauvaise humeur des hommes en place, qui s'attaquent rarement à l'auteur, dans la crainte de soulever contre eux le cri public, et de paraître odieux. » Les colporteurs de librairie étaient aussi appelés bisouards.

Commis de barrière

Autrefois, la Ville de Paris était protégée de l'extérieur par des barrières d'octroi, c'est-à-dire par des postes de douane où toutes les marchandises qui entraient et sortaient de la capitale étaient soigneusement inspectées. Ces barrières, au nombre de cinquante-quatre, furent édifiées par l'architecte Claude-Nicolas Ledoux avant la Révolution.

Les commis de barrière, ou commis aux portes, étaient donc les ancêtres des douaniers. « Aux barrières, un commis en redingote, qui gagne cent misérables pistoles par an, l'œil toujours ouvert, ne s'écartant jamais d'un pas et qui verrait une souris, se présente à la portière de chaque équipage, l'ouvre subtilement et vous dit : "N'avez-vous rien contre les ordres du Roi ?" Il faut toujours répondre : "Voyez !" et jamais autrement, alors le commis monte, fait l'incommode, visite, redescend et ferme la portière. [...] Il n'y a point de voitures exemptes de cette obligation, on laisse seulement passer celles des princes et des ministres parce que le commis de barrière a un peu de respect pour eux. » (Mercier) Lors de l'annexion des communes limitrophes à la capitale en 1860, les postes d'octroi reculèrent jusqu'aux fortifications de Thiers. Au grand dam des Parisiens, l'octroi s'est prolongé jusqu'à la dernière guerre.

« Le plus souvent, le commis recevait son tribut en nature. Les chasse-marée devaient laisser un poisson frais, les montreurs d'animaux faisaient exécuter un tour par leurs bêtes, les chanteurs des rues entonnaient une chanson de leur répertoire. » (Mercier)

« La porte d'Allemagne de Pantin ».
© Coll. Kharbine-Tapabor

Trois commis de barrière. Carte postale, vers 1910.
© Coll. Alain Chevallier

Un compositeur au travail à l'Imprimerie nationale.
© Imprimerie nationale

Compositeur d'imprimerie

« S'entend de l'ouvrier qui travaille uniquement à l'arrangement des caractères, c'est-à-dire la casse, dans laquelle il lève, les unes après les autres, ce nombre prodigieux de lettres dispersées dont l'assemblage dirigé suivant la copie donne les formes ou planches destinées à être imprimées. » (*Dictionnaire universel de commerce*)

Au XIXe siècle, une protégée d'Alexandre Dumas, Mlle Delvaux, se signala par une supercherie. Compositrice d'imprimerie, elle avait remarqué que ses collègues masculins bénéficiaient d'un meilleur salaire. Aussi se coupa-t-elle les cheveux et se fit-elle engager dans une autre imprimerie sous le nom de M. Delvaux. La ruse fit merveille six années durant. Mlle Delvaux fit assez d'économies pour ouvrir son propre négoce. Devenue propriétaire d'un terrain vague, elle y fit construire des cabanes qu'elle loua au prix fort à des chiffonniers qui n'avaient nul endroit où aller.

Conducteur de coche d'eau

« On nomme bateaux-coches ou coches d'eau de grands bateaux couverts, tirés par des chevaux qui partent à heure et jour nommés, pour la commodité des voyageurs et du commerce, et sur lesquels les personnes peuvent s'embarquer et faire charger leurs hardes, paquets et marchandises. Tels sont ceux qui partent de Paris chaque semaine pour Sens, Melun, Joigny, Auxerre, etc. » (*Dictionnaire universel du commerce*)

À la fin du XVIIIe siècle, il fallait une semaine pour rallier Rouen en coche d'eau. Le voyage était fort pittoresque.

« L'entrepôt est occupé par des moines, des soldats, des nourrices, des paysans et je me crois à bord de ces navires chargés d'animaux destinés à peupler quelque terre nouvellement découverte… » (Bertin)

Quelque soixante ans plus tard, Frédéric Moreau, héros de *L'Éducation sentimentale*, prenait lui aussi le coche d'eau pour rejoindre sa mère à Nogent-sur-Seine.

« Le 15 septembre 1840, vers six heures du matin, le *Ville de Montereau*, près de partir, fumait à gros tourbillons devant le quai Saint-Bernard. Des gens arrivaient hors d'haleine ; des barriques, des câbles, des corbeilles de linge gênaient la circulation ; les matelots ne répondaient à personne ; on se heurtait : les colis montaient entre les deux tambours, et le tapage s'absorbait dans le bruissement de la vapeur qui, s'échappant par des plaques de tôle, enveloppait tout d'une nuée blanchâtre, tandis que la cloche, à l'avant, tintait sans discontinuer. Enfin le navire partit, et les deux berges peuplées de magasins, de chantiers et d'usines, filèrent comme deux larges rubans que l'on déroule. » (Flaubert)

« Les chevaux de bateau ». Gravure de Louis-Philibert Debucourt d'après Carle Vernet.
© PMVP/Ladet

Confiturier (ou confiseur)

Longtemps inconnu, le sucre fut importé d'Orient. Au XVe siècle, on se mit à cultiver la canne en Sicile, à Madère, aux îles Canaries et dans le Sud de l'Espagne. Le sucre devint alors une friandise recherchée et surtout un précieux remède utilisé par les apothicaires.

« Une confiseuse ». Gravure du XVIIIe siècle de I.-F. Schmit.
© Coll. Roger-Viollet

« Cette substance végétale et adoucissante, calmante, stomatique, très nourrissante, facilite la digestion, détruit les engorgements et obstructions légères. » (*Dictionnaire portatif de cuisine*)

On le mêla de plus en plus souvent aux préparations culinaires, pour le très grand plaisir des gourmets et des gourmands.

« Il semble que cet art n'ait été inventé que pour flatter le goût en autant de façons qu'il produit d'ouvrages différents. Il n'y a pas de fruits, de fleurs, de plantes, quelque bons qu'ils soient naturellement, à qui il ne puisse donner un goût plus flatteur et plus agréable. » (Savary)

Au XVIIIe siècle, le terme de confiture désignait la plupart des douceurs. On distinguait huit espèces particulières :

- Les confitures aux liquides. Les fruits, entiers ou en morceaux, étaient confits dans un sirop. Parmi les plus appréciées, les mirabelles de Sedan et les petits citrons verts de Madère.
- Les marmelades. Tous les fruits de quelque consistance convenaient. La marmelade de gingembre, qui venait des Indes, était très recherchée car on l'estimait « propre à ranimer la chaleur naturelle des vieillards ».
- Les gelées de jus ou sucs de fruits. Le cotignac d'Orléans, célèbre dans tout le royaume, était « estimé souverain pour le cours du ventre ». Faite de coing ajouté d'un peu de vin blanc, « cette sorte de confiture, qui est de la couleur du plus beau rubis, est ordinairement envoyée en petites

boîtes de sapin, rondes et plates, de diverses grandeurs, dont les plus petites s'appellent des friponnes. »
- Les pâtes. Celles de groseilles, de verjus, de coings, de pommes et d'abricots étaient les plus en usage. Il se faisait encore des pâtes de pistaches fort estimées.
- Les confitures sèches, que l'on préparait dans un four. Elles nécessitaient un très grand nombre de fruits.
- Les candis, fruits entiers bouillis dans un sirop. Les plus beaux venaient d'Italie, à en croire le *Dictionnaire universel de commerce.*
- Les dragées, sortes de confitures sèches faites de petits fruits ou de graines, de petits morceaux d'écorces ou de racines aromatiques couverts d'un sucre très blanc. Pour emballer leurs dragées et confitures sèches, les confiseurs se servaient de grands cornets de papier.
- Les conserves, de citrons et de fruits mais aussi de fleurs d'oranger, de jasmin, de rose – dite conserve de Provins – ou de violette. Au sujet de cette dernière, l'auteur du *Dictionnaire universel de commerce* mettait en garde le lecteur : « On peut aisément être trompé, en ce qu'il s'en vend de véritables et de fausses. La fausse n'est autre chose que du sucre, de l'iris et [de] l'indigo. »

Contrôleur du Gobelet

La cour des rois de France offrait un large éventail de métiers qui ne servaient à rien sinon à satisfaire l'orgueil des souverains. Parmi les innombrables employés de maison, il y avait le contrôleur du Gobelet, qui devait « être présent à la recette de toute la viande et du poisson pour la bouche du Roy ; et avant qu'on les serve sur table, il examinait si toutes les pièces contenues sur le menu étaient employées. Il était chargé de la garde du vin et de l'eau pour la personne de sa Majesté. De plus il tenait registre de toutes les nouveautés de viandes pour le Roi, fruits, confitures, vins de liqueur, etc... qui lui devaient être mis entre les mains ». (*État de la France*, 1687)

Le contrôleur du Gobelet était aussi goûteur. Il testait toutes les nouveautés et décidait s'il y avait lieu de les offrir au roi. Il veillait surtout à ce qu'aucun poison ne se glissât dans les préparations, métier parfois dangereux, qui valut quelques frayeurs à plus d'un !

Coquetier (ou marchand d'œufs)

« Marchand qui apporte à Paris des œufs et du beurre. Le plus grand commerce qui se fasse de ces marchandises par ces sortes de voituriers se fait par les coquetiers de Normandie, du pays du Maine, de la Brie et de Picardie. » (*Dictionnaire universel de commerce*)

« Achetez mes bons œufs frais, des colifichets, voilà la laitière, mon bon cent de navets… »

« Il est rassurant pour nous de songer que, sur les millions d'œufs consommés chaque jour dans la capitale, il n'y en a pas un dont le mireur d'œufs n'ait vérifié l'état de fraîcheur, en l'examinant par transparence devant la flamme d'une bougie. »
Photographie extraite de *Lecture pour tous*, 1902-1906.
© Coll. Emmanuel Gaffard

Pavillon aux œufs en gros aux Halles : « Chaque caisse, appelée "cercueil", pesant 110 kg, contient 1440 œufs. Arrivage par jour : environ 100 voitures contenant chacune 70 caisses. Provenance : Russie, Autriche, Italie. » Carte postale, vers 1910.
© Coll. Alain Chevallier

Coquilles d'escargots (marchand de)

Imbert, dans *Les Trappeurs parisiens*, décrit un bien curieux commerce. Les Parisiens raffolaient des escargots, et tous les restaurants, des endroits chics aux gargottes, en proposaient à leurs clients. On les servait au beurre persillé, accommodement simple et goûté de tous. Dans les bonnes maisons, le plat servi et consommé, on jetait les coquilles.
C'est à ce moment qu'intervenait le marchand de coquilles. En professionnel, il connaissait les adresses où s'achalander. Au petit matin, les boîtes à ordures des Champs-Élysées ou de l'Opéra lui livraient leurs trésors. Il lui suffisait, après un bref époussetage, de revendre les coquilles, dans la matinée, aux gargotiers.
La règle d'or était de ne jamais nettoyer les fameuses coquilles. Ainsi le beurre resté contre les parois parfumait délicieusement la mauvaise margarine ajoutée par le restaurateur. Et les clients, aux anges, se régalaient de leurs escargots « au beurre ».

Coureur

Le coureur était un valet engagé par un grand seigneur pour le précéder quand il sortait et exécuter ses ordres avec promptitude. « C'était un odieux usage, écrit la comtesse de Genlis, que celui de faire courir devant sa voiture des hommes et des chiens. Les coureurs mouraient tous fort jeunes asthmatiques ou hydropiques ; leur entretien était ruineux, leur parure efféminée, en argenterie, clinquant de fleurs artificielles, coûtait au moins mille écus par an. Les chiens danois, en courant dans les rues, renversaient les vieillards et les enfants, mais le grand seigneur ainsi précédé dans sa voiture anglaise, croyait avoir le meilleur air du monde. »
D'après Rousseau (*La Nouvelle Héloïse*), le coureur était également un domestique chargé de porter les billets : « J'ai donné

« Valet coureur au XVe siecle ». Gravure d'après une estampe coloriée de 1567, extraite de *Costumes civils et militaires des Français à travers les siècles, vers 1880.*
© Coll. Kharbine-Tapabor

ordre à mon coureur qui vous porte cette lettre de vous chercher où que vous soyez et de ne point revenir sans votre réponse. »
Mercier rapporte ce bon mot : « Le comte de… n'avait que mille écus de rente, il donnait trois mille livres à son coureur et disait : J'ai trouvé l'art d'avoir toujours une année de mon revenu devant moi. »

Coureur de vin et conducteur de la haquenée

Lorsque le roi allait à la chasse ou partait se promener, il fallait prévoir qu'il pût avoir faim ou soif. Deux officiers de la maison du roi étaient chargés de le suivre dans tous ses déplacements. Se tenant à distance respectueuse, au premier signe ils portaient au souverain de quoi se sustenter. Ils étaient désignés sous les noms de coureur de vin et conducteur de la haquenée (petite jument douce). Le coureur de vin, relève-t-on dans l'*État de la France* de 1712, « portait une valise de drap rouge, aux armes de France, qui renfermait des serviettes, du pain, des biscuits, des fruits, des confitures sèches, du vin et de l'eau dans deux flacons d'argent ». Franklin indique ce que transportait la haquenée : 6 pains, 6 bouteilles de vin, 20 grands biscuits, 6 douzaines de petits choux, 6 paquets de confitures sèches, 6 paquets de pastilles, 6 oranges du Portugal. À quoi s'ajoutait, pour les jours maigres : 1 pâté de poires bon chrétien, 1 pâté d'œufs brouillés, 2 fromages à la crème, 2 gâteaux à la crème, 24 talmouses, 24 brioches. Derrière la haquenée trottaient deux chevaux chargés de pain et de vin en abondance.

« Scène de chasse à courre ». Gravure.
© Coll. Grob/Kharbine-Tapabor

Crayons (marchand de)

Au XVIIIe siècle, c'était un petit marchand « étalé sur les parapets du Pont-Neuf qui achetait en gros chez les épiciers la craie, la sanguine, la pierre noire et la mine de plomb et les revendait en détail aux peintres et dessinateurs après les avoir sciés, coupés et aiguisés par le bout. Il préparait et composait également les divers crayons qui servaient à peindre en pastel, et qui n'étaient autre chose que divers bois ou terres de couleurs réduites en pâte avec un peu d'eau gommée. Il vendait pareillement des porte-crayons de cuivre, des compas de même métal. » (Savary)
L'*Encyclopédie* de Diderot et d'Alembert précise que les meilleurs crayons venaient d'Angleterre.

« Crieurs publics ». Gravure extraite des *Tableaux de Paris*, vers 1850.
© Coll. Grob/Kharbine-Tapabor

Crieur

Le crieur était au Moyen Âge l'ancêtre du garde-champêtre. Il était chargé par la Ville d'informer la population, de proclamer les ordonnances et d'annoncer les décès. En période de guerre ou de révolution, le rôle du crieur devenait essentiel.
« Alors Rougon décida que le crieur public, accompagné d'un tambour, irait par les rues proclamer la ville en état de siège et annoncer aux habitants que quiconque sortirait ne pourrait plus rentrer. » (Zola)
Par la suite, on appela crieur celui qui déambulait dans les rues en annonçant par un cri ce qu'il vendait. Paris connut ainsi cent sept types de crieur qui survécurent jusqu'au début du XXe siècle.

> « Non il n'y a point de ville au monde où les crieurs et les crieuses des rues aient une voix plus aigre et plus perçante. » (Mercier)

Crieur de corps (ou clocheteur des trépassés)

« Le Clocheteur des trépassés en 1755 ». Gravure extraite de *Paris à travers les âges*. © Coll. Alain Chevallier/ Photo J.-M. Drouet

« Le clocheteur des trespassez
Sonnant de rue en rue,
De frayeur rend les cœurs glacés,
Bien que leurs corps en sue.
Et mille chiens, oyans sa triste voix,
Luy répondent à longs abois. »
(Saint-Amant)

Les crieurs de corps, encore appelés clocheteurs des trépassés ou jurés-crieurs, étaient à l'origine de simples crieurs qui allaient par les rues annoncer au son de leur petite clochette les décès récemment survenus, ainsi que l'heure des obsèques et l'enterrement. Mais la fréquentation des familles des défunts leur fit entrevoir d'autres bénéfices. Ils devinrent peu à peu des employés de pompes funèbres et ne tardèrent pas à prendre complètement en charge l'organisation des enterrements. « Ils ont une ordonnance de Charles V, qui les autorise dans la possession et jouissance de fournir aux obsèques et funérailles les manteaux noirs, les draps velours et tentures, dont on tapisse la maison du mort et le lieu de sa sépulture. Un juré-crieur pouvait répéter ce vers de comédie : “Je ne puis être heureux qu'à force de trépas.” Quand il voit passer dans son équipage un être bien vivant, bien portant, il songe à sa pompe funèbre et de quelle manière il arrangera, avec tout le goût possible, sa chapelle funéraire. Les curés et fabriques de Paris voulaient fournir aux morts toutes les décorations sépulcrales, mais les jurés-crieurs sont venus avec une déclaration et un édit à la main, leur prouver que les ornements du cercueil les regardaient, que c'était à eux d'embellir le sarcophage, de donner des pleureuses aux parents, que le curé n'avait pas le droit d'entonner le *De Profundis*, d'allumer les cierges, enfin que le tarif de leurs droits était particulier.

Autrefois, le juré-crieur se couvrait d'un habillement fort bizarre, pour assister aux cérémonies funèbres. L'héritier qui jouait la douleur, ne pouvait s'empêcher de rire et on le voyait à travers son long crêpe. Les héritiers n'ont pas voulu qu'on surprît ainsi le fond de leur âme et pour avoir l'air sérieux, les jurés-crieurs ont pris la robe des avocats [...]. Quand le défunt a des armes, le juré-crieur est obligé de les porter à l'enterrement, peintes en carton, sur sa poitrine, car un mort illustre n'abandonne point encore le blason dans le dernier rôle qu'il joue aux yeux des vivants. » (Mercier)

« Or dites vos patenostres
Quand vous oyez que je sonne
Pour honorable personne
Qui a esté frère nostre. »

Crieur de peaux de lapin

« Pô-pô-pô
Pô-de-lapins
Qui a des pô-pô-pô
Pô de lapins »

Il n'y a pas si longtemps, on pouvait encore entendre à Paris le cri étrange du crieur de peaux de lapin. Il avait une allure de carnaval avec ses peaux suspendues au-dessus de la tête. Mercier le dépeint ainsi : « Ce crieur est surchargé de [peaux de lapins] de manière qu'on cherche sa tête et ses bras. On le sent avant que d'entendre sa voix ; il vit dans l'exhalaison infecte de ses peaux. Il y résiste. Son cri est extrêmement dur. Les chats fuient à son aspect. Car il est homme à prendre leur robe et les chats semblent deviner qu'il en veut à toutes les fourrures des quadripèdes. Il a de plus dans sa poche un couteau toujours prêt à

« Le Marchand de peaux de lapin ».
Gravure de Louis-Philibert Debucourt.
© PMVP/Briant

châtrer les matous. Il n'entre pas dans une maison, que les chattes ne se faufilent sur les gouttières, en exprimant par des miaulements plaintifs combien la figure de ce barbare leur est désagréable. »
Partout où il allait, il était poursuivi par sa mauvaise réputation. On le savait violent, on le disait voleur et chapardeur. Ses airs de fouine, ses manières rogues, son langage de rustre, son peu d'instruction, sa vie errante l'assimilaient aux vagabonds, et en faisaient un être fantastique propre à effrayer les enfants et à nourrir les contes.
Il revendait ses peaux aux maîtres chapeliers qui en faisaient des aumusses, des manchons, des couvre-pieds, des bas-jupons…

Curiosités naturelles (marchand de)

Les cabinets de curiosités se multiplièrent au XVIIIe siècle. Il n'y avait pas de gentilhomme qui n'en possédât un. Au début, les brocanteurs fournissaient l'essentiel des collections. Puis apparurent les marchands de curiosités.
« Un cabinet d'Histoire Naturelle, écrit Diderot, est un abrégé de la nature entière […]. Pour en former un, il ne suffit pas de rassembler sans choix et d'entasser sans ordre et sans goût, tous les objets d'Histoire Naturelle que l'on rencontre ; il faut savoir distinguer ce qui mérite d'être gardé de ce qu'il faut rejeter […]. Renvoyez toutes vos coquilles à la mer ; rendez à la terre ses plantes et son engrais ; et nettoyez vos appartements de cette foule de cadavres, d'oiseaux, de poissons et d'insectes, si vous n'en pouvez faire qu'un chaos où je n'aperçois rien de distinct, qu'un amas où les objets épars ou entassés ne me donnent aucune idée nette et précise. Vous ne savez pas faire valoir l'opulence de la nature, et sa richesse dépérit entre vos mains. Restez au fond de la carrière ; taillez des pierres ; mais laissez à d'autres le soin d'ordonner l'édifice. »

« Vous ne savez pas faire valoir l'opulence de la nature, et sa richesse dépérit entre vos mains. Restez au fond de la carrière. »
(Diderot)

D

Dattes (marchand de)

« Le Marchand de dattes ». Gravure extraite des *Tableaux de Paris*, vers 1850. © Coll. Grob/Kharbine-Tapabor

« Les dattes sont des fruits cylindriques, de la grosseur du pouce, de la longueur du doigt, de la figure d'un gland, ou assez approchante de celle des prunes, composés d'une pellicule mince, roussâtre, dont la pulpe ou la chair est grasse, ferme, bonne à manger, douce et qui environne un gros noyau cylindrique, dur et creusé d'un sillon dans la longueur. Il y a aussi des dattes sans noyau. Les dattes de Tunis sont employées ou extérieurement en cataplasme pour amollir, ou intérieurement avec les figues, les jujubes, les raisins secs dans les décoctions pectorales », expliquait avec son habituel sens du détail Savary dans son *Dictionnaire universel de commerce*.
Le vendeur de dattes se déguisait souvent en Turc. Il inventait une langue abracadabrante afin qu'on lui achète ses fruits en rêvant du lointain Orient. C'est le même petit marchand qu'on retrouvait un peu plus tard dans la journée, sur les Grands Boulevards, métamorphosé en vendeur de cannes.

Débardeur

« Devant un dépôt à l'ouverture béante et noire, une foule compacte, trépidante, hurlait son désir d'être embauchée avec une furie qui me rappelait le grouillement des porcs devant l'auge. Un homme à la mine renfrognée et à la voix tonnante, hissé sur un tas de sacs, formait les équipes et les envoyait aux postes. Donnant des coups de coudes violents et criant leurs

Déchargement d'un bateau de charbon sur les berges de la Seine.
© Coll. Alain Chevallier

jurons obscènes, les plus vigoureux s'imposaient et obtenaient d'être pris, tandis que des malheureux, aux corps amaigris, trottaient impuissants autour en criant que c'était "depuis longtemps qu'ils restaient sans travail et qu'ils en avaient assez". [...] Ici le recrutement des débardeurs se fait presque entièrement parmi les amis du chef-d'équipe – ceux qui le flattent et lui paient à boire. Nombreux sont les bougres qui attendent leur tour depuis deux heures du matin... »

Ces lignes d'Istrati, bien qu'elles aient pour cadre la Roumanie de son enfance, décrivent bien les conditions dans lesquelles travaillaient les débardeurs. C'était un métier des plus pénibles. Les débardeurs déchargeaient les bateaux de marchandises, à l'exception des boissons, ce qui était le privilège des déchargeurs de vin. Pour être embauché, il fallait être en bon terme avec le prévôt des marchands, lequel jouissait de ses prérogatives et n'hésitait pas à maltraiter les indigents. Les plus à plaindre dans cette corporation étaient les tireurs de bois, les « forts de la communauté », d'origine lorraine ou morvandelle, qui transportaient sur leur dos des troncs d'arbres entiers.

« C'est un travail déchirant à voir que celui qui fait sortir des rives boueuses de la Seine tout ce bois qu'on arrache, qu'on sépare et qu'on porte à dos d'hommes dans les chantiers. Les travailleurs sont nus, plongés à mi-corps dans la rivière, leur front est trempé de sueur. La pâleur de leur visage annonce qu'ils ne résisteront pas longtemps à ce labeur pénible. Leur corps est tout défiguré par la vase fangeuse qui souille leurs membres et semble affaiblir leurs nerfs. » (Mercier)

Notons encore les déchargeurs de charbon, noirs de la tête aux pieds, qui mouraient généralement très jeunes, de la silicose.

Décrotteur

« À la convalescence de Louis XV, lorsque tout Paris, dans les convulsions de la joie, remerciait le ciel de lui avoir rendu son précieux monarque, un décrotteur voulant partager l'allégresse publique, acheta une chandelle, la coupa en quatre et en illumina les quatre coins de sa sellette, le seul espace qui fût à lui. » (Mercier)

Les décrotteurs étaient de petites gens qui possédaient en tout et pour tout une boîte contenant un polissoir, un chiffon, une brosse en poil de sanglier ou de porc, une sellette où reposait le pied et un peu d'huile mêlée à du noir de fumée. Si Rabelais parlait déjà d'eux dans son *Pantagruel*, il fallut pourtant attendre le XVIIIe siècle pour que la profession se répande. Paris grouillait alors de ces décrotteurs ambulants qui proposaient leurs services pour quelques liards. Pas de rendez-vous qui ne se fît sans eux ! Les plus fortunés s'installèrent sur le Pont-Neuf et devinrent des résidents permanents. Ils étaient fort prisés de la bonne société qui passait d'une rive à l'autre. Leurs pancartes à enseigne portaient souvent des inscriptions curieuses : « Au grand monarque », « Le brillant va-t-en ville et décrotte joliment », « Aux quarante écus », ou encore « Saint-Louis décrotte à l'anglaise ». La multiplication des trottoirs, les grands travaux d'Haussmann et la propreté nouvelle de la ville eurent raison de ce petit métier.

« Le décrotteur ». Gravure de Michel Poisson, vers 1775.
© PMVP/Pierrain

Dentellière

Les premières dentelles datent du XVIe siècle. Elles apparurent tout d'abord sur les hautes collerettes. Puis on en mit aux poignets, bientôt aux jupes, et finalement, on s'en couvrit littéralement. Pendant plus de deux siècles, les passements, comme on les nommait, enjolivèrent les costumes des élégants et des élégantes. Les points de Venise étaient les plus recher-

« La Légère Raccommodeuse de dentelle ». Gravure de Charles Philippon.
© PMVP/Joffre

chés et l'on dépensait de véritables fortunes pour les faire venir à Paris. Cette dentelle, jugée dangereusement concurrente de la production nationale, fut interdite à plusieurs reprises. Sans grand succès… « Au temps des défenses expresses, Monsieur de Pardaillan s'arrangeait pour s'affubler de dentelle en visite. Il lui suffisait de monter en carrosse, dans le plus simple costume et une fois là, il ouvrait ses boîtes, y prenait et s'en parait au nez des gens du prévôt. La visite terminée, les dentelles rentraient dans leur boîte et il n'en était plus rien. » (Tallemant des Réaux)

La vogue des points d'Angleterre et d'Italie fut telle que la production française frôla la ruine. Colbert fit venir en catastrophe des dentellières qu'il installa au faubourg Saint-Antoine avec deux cents ouvrières. On relança la mode du point de France et tout le monde s'en trouva ravi.

Au XVIIIe siècle, la dentelle continua ses ravages parmi les fortunés et ceux qui feignaient de l'être : « Le Parisien qui n'a pas mille livres de rentes, n'a ordinairement ni draps, ni lit, ni chemise mais il a une montre à répétition, des glaces, des bas de soie et des dentelles. » (Mercier)

Dominotier

Il fut le fabricant de papiers peints aux XVIIe et XVIIIe siècles. On ne posait alors du papier que sur les murs des habitations campagnardes. Dans les grandes maisons, somptueuses boiseries et riches tapisseries réchauffaient les intérieurs. Le dominotier fabriquait aussi des illustrations, préfigurant les images d'Épinal, « grandes images gravées en bois, au bas et à côté desquelles étaient des légendes, des proverbes, des dictons, des quolibets et autres semblables bagatelles, soit en prose, soit en vers propres à faire rire le peuple. Enfin, c'est encore dominoterie que ces lanternes de papier qu'on met aux fenêtres des maisons dans les réjouissances publiques, sur lesquelles sont imprimées et peintes des armoiries, des fleurs de lys, des dauphins et autres figures convenables au sujet qui cause la joie du peuple. » (Savary)

E

Eau-de-vie (marchand d')

On buvait de l'alcool à jeun de bon matin pour conserver la santé.

« Eau-de-vie, brandevin et la dragée au bout
La vie, la vie à un sou le petit verre
À la bonne eau-de-vie pour réjouir le cœur
À mon petit cabaret, à mon petit bouchon. »

C'est par ces mots que le marchand d'eau-de-vie réveillait les Parisiens entre trois et quatre heures du matin. « Ils établissent de petites boutiques au coin des rues ou parcourent la ville, en portant tout le cabaret, bouteilles, verres et mesures, dans une petite manne pendue à leur col. Ce sont les femmes qui sont sédentaires, et les hommes qui vont criant leur marchandise. » (Mercier)

«Une marchande d'eau-de-vie».
Gravure d'Edme Bouchardon d'après Caylus, milieu du XVIIIe siècle.
© PMVP/Briant

«Qui veut boire la goutte ?»
Lithographie de Carle Vernet, vers 1820.
© Coll. Debuisson/ Photo J.-C. Doër

Le peuple des artisans venait boire l'eau-de-vie dans de petits gobelets d'étain. On servait aussi diverses liqueurs à base de sucre, d'épices, de fleurs et de fruits : eau de cannelle, de frangipane, d'anis, de fenouillette, de café, de mille fleurs. Parfois s'engageait une partie de dés ou de cartes entre le vendeur et son client. Au XVIIe siècle, l'alcool ne fut plus uniquement considéré comme un remède et on l'apprécia en boisson ordinaire.

Égratigneur

Ce joli nom d'égratigneur désignait celui qui découpait les étoffes et les rubans. Cet artisan pouvait créer diverses frisures sur les tissus et leur donner un aspect duveteux.

Emballeur

« L'habileté d'un emballeur consiste à remplir les caisses, banettes ou car tons en sorte qu'il n'y reste aucun vide de crainte qu'elles ne se frottent les unes contre les autres, à ne point mettre de certaines marchandises contre d'autres qui les pourraient gâter ou casser, surtout quand les unes sont fragiles et les autres dures, à bien coudre la toile d'emballage des ballots, à disposer également la corde avant de la serrer avec la bille et à la bien biller.

Il lui faut aussi, en cas de marchandise fragile, savoir manier la plume et peindre à l'encre commune ou la figure d'un miroir ou celle d'un verre ou enfin celle d'une main pour avertir ceux qui les remuent de les ménager. Sur les caisses de vipères qui viennent du Languedoc pour les droguistes et les apothicaires de Paris, on représente un de ces animaux à cause du danger qu'il y aurait si les caisses se brisaient. Enfin, si ce sont des livres, qui en France ne payent aucun droit, on y met le mot Livres. » (Savary)

« Le Marchand d'encre ».
Lithographie de Marlet,
début du XIXe siècle.
© Coll. Kharbine-Tapabor

Encre (marchand d')

Fabriquer de l'encre nécessite un doigt de vitriol romain, quelques noix de Galles concassées cuites dans l'eau et un peu de gomme arabique.
Si l'on recherche une apparence luisante, du sucre candi fondu donnera « cet œil brillant et vif qu'on lui remarque sur le papier ». Le sucre candi évitera encore à l'encre de geler durant l'hiver – à défaut d'eau-de-vie.
Au XVIIe siècle, on s'achalandait en encre sur le Pont-Neuf. L'encre de Chine était certes estimée mais c'était une encre grise et malodorante qui était la plus répandue.

Enfants (loueur d')

« Enfant chez les zoniers ». Photographie d'Harlingue, vers 1910.
© PMVP/Joffre

Le loueur d'enfants, qui sévissait à la fin du XIXe siècle, était un être méprisable dont le commerce était ignominieux. Il louait à des mendiants des nourrissons ou des enfants en bas âge qui attendrissaient les passants pour leur soutirer davantage d'argent. Le loueur d'enfants n'avait pas de peine à se fournir : il y avait à Paris de nombreuses filles-mères pour qui leur progéniture était un pénible fardeau. À cause de leur enfant, elles ne pouvaient trouver ni travail ni logement, à cause de lui, elles étaient rejetées et humiliées. Louer son enfant procurait une petite rentrée d'argent régulière et rien n'empêchait la mère de le retrouver pour quelques heures, quand il n'était plus en louage.

Une autre source d'approvisionnement était naturellement la cité des chiffonniers. La misère y était telle qu'il n'était pas nécessaire d'insister beaucoup auprès des parents pour avoir le droit d'emmener leurs rejetons. Comme les cités étaient souvent vidées de leurs occupants qui « hottaient » dans la ville, les plus petits étaient souvent livrés à eux-mêmes. « Les enfants qui sont pris dans ces cités, écrit Tomel, sont, en général, âgés de trois à cinq ans. Car quelle que soit la misère des femmes chiffonnant pour vivre, elles ne louent guère leurs petits qu'autant qu'ils ont quittés le sein et qu'ils peuvent marcher tout seuls. [...] Les enfants pris dans cette catégorie sont ceux que l'on

voit marcher à côté des mendiantes, lesquelles portent par surcroît, dans leurs bras, deux ou trois marmots loués à des nourrices. »
Les enfants étaient maltraités, battus par les loueurs ou même estropiés afin d'émouvoir davantage le passant.

Épicier-droguiste

Jusqu'à la fin du XVIIIe siècle, les épiciers étaient les premiers concurrents des apothicaires. On les appelait d'ailleurs épiciers-droguistes. Ils ne se contentaient pas de vendre de précieuses épices venues d'Orient, ils avaient aussi la charge de soigner la population de ses maux. Moins coûteux que l'apothicaire, l'épicier était tout aussi redoutable. « Ils vendent des poisons, écrit Mercier, comme de la cannelle, de l'eau-forte et de l'huile, du fromage et de l'émétique, de l'eau-de-vie et des couleurs, du sucre et de l'arsenic, des confitures et du séné : ils ont des statuts homologués qui les mettent en concurrence avec les apothicaires. Quand ils confondent les drogues et les sels qui se ressemblent, tant pis pour l'art médical, tant pis surtout pour celui qui avale le paquet. [...] Les drogueries sont mêlées avec les épiceries : le garçon épicier donne d'une main des raisins secs, et de l'autre deux gros de sel de Glauber; un morceau de savon et un vomitif; des pruneaux et de la thériaque : les mêmes balances pèsent le dessert des tables et les médicaments bruts; si le garçon lit mal le caractère chimique des boîtes, s'il ne sait pas lire, ou s'il ne connaît pas assez les différentes drogues pour ne pas les confondre, c'est un empoisonné qu'on enterre le lendemain, et l'on n'en parle plus. »

« L'Épicier ». Gravure anonyme extraite de *L'Alphabet des Arts et Métiers*.
© PMVP/Briant

Les simples épiciers vendaient surtout des clous, de l'huile, des bougies et du poivre. Le poivre était alors une denrée fort recherchée (il arrivait qu'on payât ses impôts avec des sacs de poivre blanc). Mais la méfiance était de mise : le bibliophile Jacob prévient : « On regardait alors comme une merveille ce prétendu poivre blanc qui n'était que du poivre noir macéré dans de l'eau de vie et dépouillé de son écorce. » Certains épiciers-droguistes, plus malins ou plus malhonnêtes que les autres, n'hésitaient pas à pulvériser des déjections canines et à vendre le produit de leur manipulation pour du poivre de premier choix ! De nombreux auteurs recommandaient prudemment de faire moudre le poivre devant soi.

Pour devenir maître-épicier, il fallait quatre ans d'apprentissage et la réalisation d'un chef-d'œuvre. D'après la charte de 1484, « s'ils veulent être receus et parvenir audit mestier, ils seront préalablement examinés et expérimentés par les maîtres-jurés dudit mestier et marchandise, et seront tenus de faire chef-d'œuvre, tant d'ouvraiges de cire, de confitures de sucres, dispensacions de pouldres, comme de compositions de receptes, cognoissance de drogues et autres choses touchant et concernant le fait desdits mestiers, ouvraiges et marchandises d'épicerie et apothicairerie, chacun en son regard ».

Épinglier

« Un sauvage, écrit Mercier, admire un clou et il a raison. C'est à Paris que l'homme observateur voit combien l'art a demandé de combinaisons, d'expériences et de soins… »

Les épingles à nourrice, si familières et si anodines, signèrent en leur temps une véritable révolution technologique, entraînant un bouleversement dans la confection des vêtements. Avec leur invention disparurent agrafes, lacets, cordons et toutes les fantaisies peu pratiques et embarrassantes qui caractérisaient les habits médiévaux.

L'épingle, qui était pourtant connue depuis la Rome antique, n'eut de véritable succès qu'à partir du XVIe siècle. Sa fabrication était tout un art. Nous

« Marchand d'épingles, vers 1774 ». Gravure extraite des *Costumes de Paris à travers les siècles,* d'après Michel Poisson.
© PMVP/Pierrain

devrions d'ailleurs parler d'orfèvre-épinglier tant la réalisation d'une seule pièce demandait de soins, de manipulations et de talent. Chaque épingle était unique et tournée à la main. Il fallait trente mains et trente outils pour en fabriquer une. Savary, qui aime les descriptions techniques, relève dix-huit opérations distinctes. D'abord, jaunir un fil de laiton, tout droit venu de Suède ou d'Allemagne, ensuite, lui faire subir un bain de gravelle ou de lie de vin blanc, puis le tirer à la babille (dévidoir). On le dressait et le coupait « à la dressée », c'est-à-dire à la longueur exacte. Il fallait encore empointer l'épingle, la repasser (affiner la pointe), puis couper les tronçons. Venait ensuite l'opération la plus délicate et la plus artistique : tourner les têtes. Cette dernière opération devait être exécutée au millimètre près.
Les maîtres-épingliers faisaient cela au jugé, sans aucun instrument de mesure. Les plus habiles débitaient près de douze mille têtes à l'heure, nous dit Savary. Un chiffre tout de même peu crédible, car cela ferait quatre têtes par seconde !

Étalier

Au Moyen Âge, on nommait étalier tout marchand qui étalait ses produits aux yeux des passants. Les affaires se concluaient à l'étalage plutôt qu'à l'intérieur de la boutique. Celle-ci était ouverte sur la rue et de grands volets de bois rabattus servaient de présentoir. Les étalages prenaient tant de place que la police défendit, au XVIIe siècle, qu'ils dépassassent de plus de huit pouces sur la rue. L'encombrement était tel que les passants devaient se faufiler entre les marchandises. On interdit aussi à plusieurs reprises l'usage des bannes, sortes de grandes toiles que les marchands suspendaient en nombre au-dessus des étalages, à l'ombre desquelles les clients appréciaient difficilement les marchandises.
Au XVIIIe siècle, le terme d'étalier désigne exclusivement le garçon-boucher.

Étuviste

L'étuviste était le tenancier de bains publics. La pratique remonte au XIIIe siècle ; les premières étuves furent rapportées d'Orient par les Croisés. Jusqu'au XVIe siècle, elles furent à la mode en dépit de leur mauvaise réputation. On les accusait d'être des lieux de débauche où se rendaient les prostituées pour raccoler leurs clients, et *il signor gonorea*, la maladie vénérienne, y faisait des ravages. Les étuves ouvraient tôt le matin.
On pouvait y prendre soit un bain chaud soit un bain de vapeur, le premier étant deux fois plus cher que le second. Le maître étuviste pouvait également poser des ventouses ou faire une saignée. (Cette pratique restera attachée par la suite à la profession de chirurgien-barbier.) L'étuviste se chargeait également d'épiler ses clients de la tête au pied, ainsi que la galanterie l'exigea jusqu'à la fin du XVIIIe siècle. Franklin rapporte qu'en 1766, « quand le duc d'Orléans épousa Madame de Montesson, l'époux reçut la chemise le soir des noces avec le cérémonial usité à la cour. Le marquis de Valençay la présenta, et le prince, se dépouillant de celle qu'il portait, offrit à tous les assistants le spectacle d'une épilation complète,

suivant les règles de la plus brillante galanterie du temps. » Par la suite, les étuves disparurent et les Parisiens reprirent la saine habitude de se laver plus parcimonieusement !

« C'est à l'image Saint-James
Où vont ces femmes se baigner
Baigneux, aux estuves, allez !
Vous y serez bien servis
De valets et de chambrières
De la dame, bonne chère
Allez tous, les bains sont prêts. »

Éventaillier (ou évantailliste)

L'éventail n'était pas, à l'origine, l'accessoire que tout le monde connaît. Il s'agissait d'un meuble volumineux, muni de pales immenses, suspendu au plafond et actionné à deux mains. Il était placé dans la pièce principale, au-dessus de la table, et servait à chasser les mouches autant qu'à brasser l'air frais.

La fabrication des éventails. Estampe de Bénard.
© PMVP/Ladet

L'éventail tel que nous l'entendons aujourd'hui, familier en Espagne et en Italie, fit son apparition en France lorsque François Ier le rapporta de ses conquêtes. Louis XV en développa l'usage et les précieuses, surtout, en firent un accessoire indispensable de la toilette.
Son succès fut tel qu'on dut créer la corporation des éventailliers en 1678. Jusqu'à cette date, les éventails étaient fabriqués par les merciers. Il est à noter que les éventailliers (ou les peintresses en éventail lorsque c'étaient des femmes) n'avaient pas le droit de peindre eux-mêmes des visages, cette tâche étant strictement réservée aux peintres-imagiers.
Les éventails les plus recherchés venaient de Chine et d'Angleterre. Il était du meilleur goût d'afficher sa richesse en exhibant des éventails en ivoire ciselé, en écaille de tortue, ornés de diamants et de pierres précieuses, ou confectionnés avec des peaux de senteurs.

Les éventails se déclinent sur des sujets variés ; ici, une vue de Paris au début du xxe siècle.
© Coll. Kharbine-Tapabor

F

Fabricant de chapelure

On trouve un frappant exemple de recyclage de nourriture dans *Les Trappeurs parisiens*. À la fin du XIXe siècle, les chiffonniers, toujours à l'affût d'une idée originale pour subsister, avaient mis sur pied un système de récupération et de transformation du pain dur. Le travail débutait à la nuit. Arpentant les quartiers chics de Paris, ils fouillaient dans les tas d'ordures, les boîtes et les caisses abandonnées. Le butin réuni, on rentrait à l'atelier, pièce de fortune où trônait une énorme machine à broyer. Chacun déposait son ballot et le tri commençait. Les croûtons brûlés constituaient la chapelure dite brune. Les morceaux moins cuits se transformaient en chapelure blonde et venaient agrémenter les pieds de cochon dans la vitrine du charcutier, à la grande satisfaction des clients…

Fabricant de crêtes de coq

Au Moyen Âge existait déjà à Paris une profession aussi répandue que suspecte : celle de fabricant de crêtes de coq. Suspecte car il se vendait dix fois plus de crêtes qu'il n'y avait de coqs abattus. Cette étrange arithmétique cachait bien entendu une escroquerie ; les fabricants utilisaient un palais de bœuf, de mouton ou de veau, le faisaient blanchir, le laissaient macérer quarante-huit heures puis, lorsqu'il était bien malléable, le sculptaient et lui donnaient l'apparence d'une crête de coq. Tous n'étaient cependant pas des escrocs, et les meilleurs d'entre eux confectionnaient des crêtes de coq farcies. En voici la recette : choisir les plus grandes et les plus épaisses. Les faire cuire à moitié. Les fendre et les farcir avec un hachis de blanc de poulet ou de chapon, moelle de bœuf, lard pilé, sel, poivre, muscade, un jaune d'œuf cuit. Faire cuire dans un plat avec un peu de bouillon nourri, quatre ou cinq champignons en tranches. Délayer un jaune d'œuf cru. Ajouter un peu de jus et de coulis au moment de servir.

Faiseur de mouches

« (...) Je vis un monsieur et une belle dame poudrés qui causaient en dégustant une tasse de café. Je remarquai sur leur visage une petite tache noire. Il paraît qu'il y a eu un temps où on se collait de ces petits ronds sur les joues pour s'embellir. » Illustration de R. André, vers 1890.
© Coll. Jonas/Kharbine-Tapabor

L'air de Paris n'est pas bon pour le teint. Aussi les Parisiennes eurent-elles l'idée de coller sur leur visage des morceaux de taffetas gommés pour en rehausser l'éclat. La mode des mouches était née. Elle fut surtout suivie sous Henri IV, où les coquettes rivalisèrent d'imagination. Il y avait des mouches en forme de lune, d'étoile, d'animaux, de personnages, de blasons et même... de mouches ! Pour les conserver, les dames portaient une petite boîte, richement décorée, dans laquelle elles puisaient à tout moment. « Prendre la mouche » signifiait alors se donner des couleurs. Chaque mouche avait son nom et son emplacement : près de l'œil, la passionnée ; au coin de la bouche, la baiseuse ; sur la lèvre, la coquette ; sur le nez, l'effrontée ; sur le front, la majestueuse ; au milieu de la joue, la galante ; au pli de la joue, l'enjouée ; sur la lèvre inférieure, la discrète.

Falot

« Le réverbère insuffisant nécessite l'emploi du falot. » Illustration de C. Levesque extraite de *L'Almanach de l'avenir*, 1909.
© Coll. Jonas/Kharbine-Tapabor

Le porteur de flambeaux apparaît sous le règne de Louis XIV « pour mener, conduire et éclairer ceux qui voudront aller et venir par les rues ». Au XVIIIe siècle, on nomme falots « ces porteurs de lanternes numérotées, qui vaquent par les rues vers les dix heures du soir. Voilà le falot ! Ce cri s'entend après souper et ces porteurs de lanternes se répondent ainsi à toute heure de la nuit, aux dépens de ceux qui couchent sur le devant. Ils s'attroupent aux portes où l'on donne bal, assemblée. Le falot est tout à la fois une commodité et une sécurité pour ceux qui rentrent tard chez eux. Le falot vous conduit dans votre maison, dans votre chambre, fût-elle au septième étage, et vous fournit de la lumière quand vous n'avez ni domestique, ni servante, ni allumettes, ni amadou, ni briquet : ce qui n'est pas rare chez les garçons, coureurs de spectacles et batteurs de boulevards. D'ailleurs ces clartés ambulantes épouvantent les voleurs et protègent le public presque autant que les escouades du guet. » (Mercier) Les falots étaient accessoirement indicateurs des services de police. À telle enseigne qu'on les surnommait « mouchards ambulants ».

Fards (marchand de)

« L'amour de la beauté a fait imaginer de temps immémorial tous les moyens qu'on a cru propres à en augmenter l'éclat, à en perpétuer la durée. » (Diderot) En matière de fard, on utilisa tout d'abord le blanc puis, vers la fin du XVIe siècle, l'usage du rouge se répandit (la mode en vint d'Italie, avec Catherine de Médicis).

Le marchand de fards, également parfumeur, était un homme apprécié des gens de condition. Il fournissait le musc et l'ambre, deux parfums estimés des dames depuis le Moyen Âge.

On s'enduisait le visage de blanc d'Espagne « imbibant un linge de cette drogue et le passant ensuite légèrement sur le visage, les mains, la gorge, on polissait ensuite le tout avec un morceau d'écarlate, après quoi l'on faisait un enduit proportionné du rouge ». (Savary)
Au XVIIIe siècle, on ajoutait du bleu afin de dessiner quelque veine très fine qui faisait ressortir la blancheur du teint. On passait alors beaucoup de temps au maquillage car il fallait aussi s'occuper des yeux, les agrandir d'un trait de noir et renforcer l'arcade des sourcils…

Fileur de lumignon

Ce ne fut pas un métier très répandu mais son nom est si joli qu'on ne saurait l'ignorer. Le fileur de lumignon était « un artisan qui travaillait à filer grossièrement le fil d'étoupe de chanvre écru, destiné pour faire cette sorte de grosse mèche que les marchands épiciers ciriers appelaient lumignon et qu'ils faisaient entrer dans la fabrique des torches et des flambeaux de poing ». (*Dictionnaire universel de commerce*)

Fileuse

Les femmes ont filé chanvre, laine, lin, coton et soie durant des siècles. Pauvres ouvrières ou dames de la cour, la tâche de préparer les fils leur était dévolue. Pour les unes, un travail ingrat et mal payé, pour les autres un passe-temps qui était l'occasion d'exhiber son nécessaire à filer en ivoire ou en or. Si, au Moyen Âge, le coton arrivait déjà filé de Syrie ou des Indes, dès le XVe siècle, on commença sa culture dans le Midi de la France… sans réel succès auprès des Parisiennes, qui lui préféraient le lin. Quenouille et rouet demeurèrent longtemps deux objets offerts aux jeunes mariées. Peu encombrante, la quenouille accompagnait son utilisatrice dans ses déplacements. Avant l'invention du parapluie, elle servait à l'occasion d'arme défensive ! Sous Charles VI, l'église des Saints-Innocents fut fermée durant trois semaines, après qu'une femme eut frappé de sa quenouille et laissé pour mort un fidèle trop entreprenant.

Étiquette de fil du Second Empire représentant une fileuse, vers 1860.
© Coll. Kharbine-Tapabor

« Fuseaux de houx, fuseaux de houx
Où estes-vous, Dames, pour filer ?
J'en ai vendu depuis le mois d'août
Plus de cent dedans cette ville. »

« Vue prise du Pont-Neuf vers le pont des Arts ». On distingue entre le Louvre et l'hôtel de la Monnaie les radeaux de bois flottés. Gravure de 1821.
© ND/Roger-Viollet

Flotteur de bois

« Au printemps, la drave recouvrait le fleuve de ses trains de bois flottés, immenses radeaux rougeâtres que les draveurs, debout et la longue gaffe au poing, dirigeaient de méandre en méandre, surveillant les menaces d'embâcle et sautant d'un billot à l'autre pour dénouer les enchevêtrements... » Les draveurs décrits par Maurice Genevoix sont les cousins de nos flotteurs de bois. Ce métier était des plus rudes. Un salaire de misère, des journées entières à patauger dans l'eau glacée, sans compter les nombreux accidents.

« Flottage par trains de chauffage pour Paris, formés à Clamecy et dirigés sur la capitale ». Croquis de 1873.
© Coll. Roger-Viollet

En 1724, rapporte l'auteur des *Inconnus de la Seine*, les flotteurs de bois se mirent en grève pour obtenir une augmentation de salaire ainsi que le droit d'emporter le soir sept ou huit bûches afin de se sécher après une journée dans l'eau. À l'origine, les flotteurs de bois étaient des saisonniers. Mais « l'abondance des bois fut si grande sur les ports flottables que l'ouvrier sentit bien qu'il s'y trouvait de quoi s'occuper pendant un très long temps pour les tirages, tricages, mises en état, constructions de trains et conduites à Paris ». (Mercier)

Fondeur de cloches

C'était un fort beau métier que celui de fondeur de cloches. Il était exercé le plus souvent par des Lorrains, experts en travaux de fonderie. Une fois l'an, le fondeur venait dans chaque paroisse de Paris et réparait les cloches fêlées et les bourdons cassés. Il fabriquait également les nouvelles cloches. Les paroissiens lui remettaient ce qu'ils avaient pu glaner : menue monnaie, morceaux de fer, pièces d'étain ou de bronze. Le fondeur se chargeait de trier ce matériau et de le fondre. Le travail était fait sur place car les cloches étaient si lourdes qu'il eût été impossible de les déplacer. L'opération pouvait durer plus d'une semaine. Pendant ce temps, on s'abstenait évidemment de sonner les heures et les messes : c'était « la semaine muette ». Le jour de l'installation de la cloche, tous les paroissiens en liesse venaient assister au décoffrage.
Une fois la cloche fixée, on toquait le saint, c'est-à-dire qu'on sonnait les cloches à la volée. Et Paris s'était enrichi d'un nouveau chant!
Jacques Hillairet, dans son *Dictionnaire historique des rues de Paris*, rapporte que sous le règne de Louis XIV, il fut décidé de refondre une des cloches de Notre-Dame. Les Parisiennes auraient jeté leurs bijoux dans le métal en fusion, ce qui vaudrait au bourdon de cette cloche, appelée *Emmanuelle-Louise-Thérèse*, la pureté de son timbre.

La Savoyarde, **bourdon de la basilique du Sacré-Cœur de Montmartre, arrivant à Paris en 1895. Extrait de** *Lecture pour tous*, **1902-1906.**
© Coll. Emmanuel Gaffard

Une fonderie au Moyen Âge.
© Coll. Roger-Viollet

Forts déchargeant des sacs de farine. Carte postale, vers 1905.
© Coll. Alain Chevallier

Fort

« Homme fort et robuste dont on se sert à Paris (et ailleurs) pour porter des fardeaux et marchandises en leur payant une certaine somme dont on convient à l'amiable avec eux. On les nomme aussi crocheteurs, portefaix, forts, plumets, garçons de la pelle, tireurs de moulin, gagne-deniers, etc. Les principaux lieux de Paris où il y a des forts établis sont la douane, la halle aux draps, le port Saint-Paul, le port Saint-Nicolas. » (*Dictionnaire universel de commerce*)

« On sait que sur le port-aux-blés
Maints forts-à-bras sont assemblés
L'un, pour, sur ses épaules larges,

Reines et forts des Halles, avril 1955.
© Collection Roger-Viollet

« Les principaux lieux de Paris où il y a des forts établis sont la douane, la halle aux draps, le port Saint-Paul, le port Saint-Nicolas. »

Porter ballots, fardeaux ou charges,
Celui-ci pour les débarquer,
Et l'autre enfin pour les marquer.
On sait, ou peut-être, on ignore
Que tous les jours avant l'aurore,
Ces beaux muguets, à brandevin
Vont chez la veuve Rabavin
Tremper leur cœur dans l'eau-de-vie
Et fumer, s'ils en ont envie. » (Berthod)

« Le Fouetteur impitoyable ». Estampe de Ducarme. © PMVP/Briant

Fouetteur (ou correcteur, fouette-culs, fesse-culs)

« Tempeste estoit un grand fouetteur au collège Montaigu. » (Rabelais)
Durant des siècles, les châtiments corporels firent partie de toute éducation collégiale digne de ce nom. Certains s'en déclaraient partisans tel Henri IV, souvent fouetté dans sa jeunesse, qui souhaita qu'il en aille de même pour son fils, le futur Louis XIII. Ce dernier reçut le fouet pour la première fois à l'âge de deux ans, afin de réprimander une colère à son réveil. Louis XIV, si l'on en croit le journal de son médecin, fut un enfant facile et ne subit que fort peu de châtiments.

« C'est un bel agencement sans doute que le grec et le latin mais on l'achète trop cher. » (Montaigne)

D'autres s'indignaient de ces pratiques. Ainsi Montaigne : « Dans les collèges, vous n'y oyez que cris d'enfants suppliciés et de maitres enyvrez en leur colère, les guidant d'une trogne effroyable, les mains armées de fouets. »
Seuls les établissents huppés disposaient d'un fouetteur. « C'était une fonction spéciale, un rouage du système universitaire. Dans les écoles et collèges plus pauvres, les pédagogues avaient eux-mêmes des verges pour battre les élèves. » (Jacob) Au collège de Navarre, fondation royale qui recevait le futur roi de France, la pension versée pour le premier écolier de France servait à l'achat de verges destinées au maintien de la discipline.

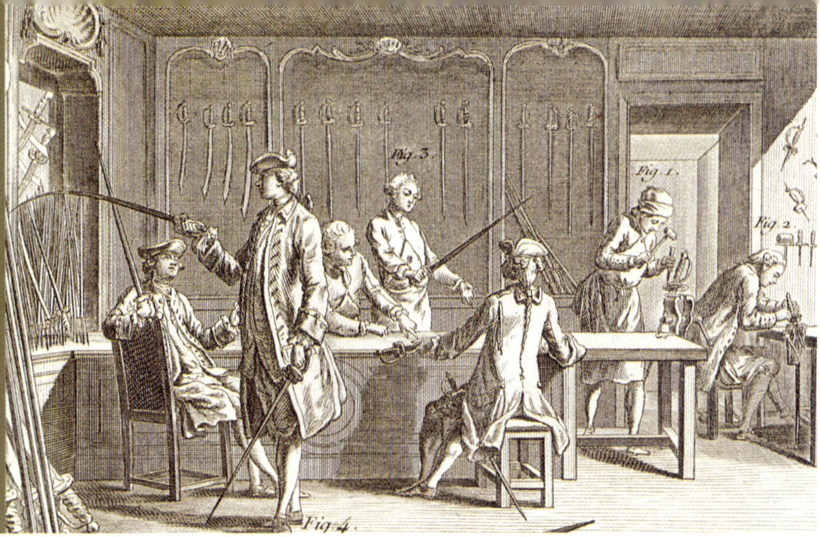

Un atelier de fourbisseur. Gravure extraite de l'*Encyclopédie* de Diderot et d'Alembert, 1762-1763.
© BHVP/Coll. Grob/ Kharbine-Tapabor

Fourbisseur

Cet artisan fabriquait des armes : épées, dagues, braquemarts, miséricordes, lames, piques, hallebardes, pertuisanes, javelines, vouges, épieux, haches, masses… Les meilleures lames provenaient de Franche-Comté ou d'Allemagne. La clientèle étant noble, les maîtres et ouvriers devaient être vêtus de façon correcte. Les statuts de la communauté stipulaient que le costume d'un ouvrier ne pouvait valoir moins de cinq sous.

Fripier

Jusqu'à la venue tardive du prêt-à-porter, il fallait, pour se vêtir, soit aller chez le tailleur, ce qui était l'apanage des classes aisées, soit coudre soi-même ses habits, soit encore s'en remettre aux fripiers. Ces derniers avaient mauvaise réputation. On les soupçonnait d'être de connivence avec les tireurs de laine et les voleurs de bourse. On vous détroussait de votre manteau le lundi, vous passiez par la boutique du fripier le mardi, on vous y accueillait avec un sourire enjoué et l'on vous proposait le vêtement que vous portiez la veille !
Dans la boutique du fripier, on trouvait de tout : « La femme, la fille, la servante, le chien, tous vous aboient aux oreilles, c'est un piaillement qui

vous assourdit jusqu'à ce que vous soyez hors des piliers. » (Mercier)
Berthod, dans son *Paris burlesque* les décrit ainsi :

Des marchands fripiers
au marché du Temple.
Carte postale, vers 1905.
© Coll. Alain Chevallier

« Je te ferai voir cent manteaux
De vieux pourpoints, de vieux chapeaux
Des casaques et des mandilles
Une infinité de guenilles,
Du vieux juste-au-corps de velours
Les uns trop grands, d'autres trop courts,
Le long de la Tonnellerie.
En passant dans la Friperie.[…]
De vieux morceaux de cotillons
L'un d'un quartier, l'autre d'une aune
Dc vcrt, dc blcu, dc gris, dc jaunc
De toutes sortes de couleurs
Qui sont le butin des voleurs,
Et de tous les tireurs de laine
Qui font, vers la Samaritaine,
Laisser aux bourgeois des manteaux,
(Souvent ils en prennent de beaux)
Qu'ils donnent à cette canaille. […]
Ces fripiers sont du badinage,
Ils vous font changer de visage
À tous les habits qu'on a pris.
Les noirs, ils les font quasi gris. »

Fruitier-fromager

« Angelots de Brie
Des grands et petits
D'acheter vous prie
Ils sont d'appétit. »

Le fruitier-fromager approvisionnait les Parisiens en fruits et fromages frais. Durant le Moyen Âge, fromage de Brie et de Champagne furent les

favoris des citadins. Bleus d'Auvergne et du Forez figuraient aussi sur les tables. Le règlement de la corporation de 1638 déclarait qu'il était du ressort des fruitiers de vendre œufs, beurres frais et salés, fromages blancs et autres fromages nouveaux et récents tels fromages de Brie, pont-l'évêque, beauvais, marolles et angelots. Pommes, poires, cerises, prunes, amandes, abricots, pêches, pavis, figues, raisins et autres fruits crus et verts, noix et noisettes sèches, aux, oignons et échalotes faisaient partie du lot.
La conservation des fruits était hasardeuse. Le fruitier-fromager devait déployer des trésors d'astuce, installant les fruits un à un sur un lit de mousse séchée en évitant qu'ils ne se touchent. Les raisins subissaient un traitement particulier : placés dans un tonneau, on les recouvrait de couches successives de cendres et l'on fermait bien le couvercle. Ainsi demeuraient-ils consommables tout l'hiver et retrouvaient-ils leur fraîcheur après avoir été trempés dans du vin, blanc ou rouge selon la variété. « L'esprit-de-vin, dit le *Dictionnaire des arts et métiers*, comme plus volatile, est encore plus propre à leur redonner ce qu'ils auraient perdu de leur qualité. »

« Pour faire trouver le vin bon
Et dire les bons mots
et les fines paroles,
Au lieu de tranches de jambon,
Prenez fromage de Marolles. »

Une marchande de fromage à la crème. Chromo publicitaire, vers 1900.
© Coll. Kharbine-Tapabor

Rémouleur, également appelé gagne-petit. Photographie d'Eugène Atget, 1899.
© BHVP/Coll. Grob/Kharbine-Tapabor

G

Gagne-petit

« Un écarteur de passants ». Dessin de Pezeu-Carlopez, 1909.
© BHVP/Leyris

Le gagne-petit était un « pauvre compagnon coutelier qui roulait devant soi ou qui portait sur son dos une petite boutique garnie d'une meule, d'un marteau et d'une pierre à affiler pour aiguiser et raccommoder divers ouvrages de menue coutellerie ». (Savary) Par extension, on appela ensuite gagne-petit ceux qui exerçaient des métiers de misère tels les vendeurs à la sauvette, les loueuses de chaises, les ouvreurs de portières, les écarteurs de passants, les camelots…

Galopin (ou marmiton)

« Mais Madame, lui a répondu ma nièce avec son plus grand sourire, vous devriez pourtant savoir ce que c'est, puisque votre père était un marmiton. » (Proust)

Le galopin était un petit commissionnaire qu'on envoyait de-ci de-là pour le menu fretin des affaires. Dans les maisons royales ou les grandes maisons bourgeoises, c'était un aide-cuisine qui avait pour tâche de tourner les broches, barder les viandes, trousser et plumer les volailles et, d'une façon générale, d'exécuter toutes les tâches ingrates. C'était le souffre-douleur des cuisiniers, qui l'estimaient tout juste bon à patauger dans les eaux grasses. Lesage raconte, dans *L'Histoire de Guzman d'Alfarache*, ce que furent ses premiers travaux de marmiton : « Il me mena donc à l'hôtel du seigneur qu'il servait, et là je pris mes grades et le bonnet de marmiton, c'est-à-dire un bonnet de nuit avec un tablier blanc, et l'on me donna d'abord du persil à hacher, ce qui est comme l'alphabet de ceux qui visent au doctorat de la cuisine. »

Gantier-parfumeur

« Mainte fille a perdu ses gants et femme au retour s'est trouvée qui ne sait la plupart du temps comment la chose est arrivée. » (La Fontaine)
Les gants, accessoire indispensable aux gens de condition, furent portés dès le Moyen Âge. On les confectionnait en peau de daim, chamois ou chien, en fil de soie ou de laine. Les maîtres gantiers formaient une communauté très importante. Au nombre de quarante-deux en 1300, on en répertorie deux cent cinquante en 1725. Sous le règne de François Ier, on aimait beaucoup les gants parfumés à la civette, à l'ambre gris ou au romarin. Lorsque Catherine de Médicis arriva à Paris pour son mariage, elle entraîna dans sa suite les meilleurs parfumeurs italiens, qui mirent à la mode le musc et le jasmin.
Au XVIIIe siècle, il était défendu aux juges royaux de siéger les mains gantées et l'on n'entrait pas dans les écuries du Roi autrement que déganté. Il se disait proverbialement que

« Chez le gantier ». Illustration extraite de l'album *Nos femmes*, vers 1895.
© Coll. Kharbine-Tapabor

pour qu'un gant fût bon et bien fait, il fallait que trois royaumes y contribuassent : l'Espagne pour préparer la peau, la France pour le tailler et l'Angleterre pour le coudre.

On portait aussi des gants glacés. Savary, auteur du *Dictionnaire universel de commerce*, nous en a donné la recette, fort simple : il suffisait de battre un jaune d'œuf, d'y ajouter de l'huile d'olive, quelques gouttes d'esprit de vin et d'eau et de laisser les gants s'imbiber de cette préparation.

Les gants, accessoire indispensable aux gens de condition, furent portés dès le Moyen Âge.

« M. de Malherbe n'était délicat, ni en musique, ni en gans, et il aimait autant une chanson du Pont-Neuf que le plus bel air du monde, et avoir des gans de 10 sols que les meilleurs et les mieux préparés. » (Tallemant des Réaux)

Gardien de chiens

À la porte du cimetière du Père-Lachaise, il y avait au début du XXe siècle un gardien de chiens. Les visiteurs encombrés de leur animal favori trouvaient là une garderie improvisée. Les chiens, bien qu'attachés à une grille d'arbre, étaient ravis. Leur gardien leur proposait de l'eau fraîche ou quelque morceau de sucre. Si la pluie survenait, il les abritait sous un immense parapluie. Émus par tant de délicatesse, les clients distribuaient de généreux pourboires à cet ami des bêtes.

Gardienne de paniers

Au XIXe siècle, on la rencontrait postée devant l'entrée des cimetières parisiens. Imbert décrit cette activité inattendue, peu lucrative mais régulière. Les clients ne manquaient pas, même les jours de pluie. Car prier pour ses morts un panier sous le bras était jugé irrespectueux.

« Marchand de journaux ». Lithographie de Carle Vernet, vers 1820.
© PMVP/Andreani

Gazetier

« C'est un joli talent, et une nature assez médiocre. Il y a du gazetier en lui, et du théâtreux. » (Renard)
On donnait indifféremment ce nom à ceux qui écrivaient la gazette et à ceux qui la distribuaient au public. Au XVIIe siècle apparut la *Gazette* de Théophraste Renaudot, puis le *Mercure*. Il y eut aussi les gazettes burlesques de Loret, Robinet, Mayolas, Boursault, Subligny, Saint-Julien, Scarron... Ce mouvement s'amplifia au XVIIIe siècle.
« La *Gazette de France* qui paraissait deux fois par semaine ne donnait pas les nouvelles les plus fraîches, mais les plus sûres. L'article de Versailles était intéressant à cause des nominations et des présentations ; c'était un texte sûr et perpétuel pour les titres, pour les dignités et pour les charges... Le *Mercure de France*, que l'on appelait autrefois le *Mercure Galant*, avait changé l'ordre de sa distribution, au lieu d'un volume par mois, on en débitait une partie tous les samedis, c'était une société de gens de lettres qui s'en occupait ; il embrassait les Arts, les Sciences, la Littérature, les Spectacles, les Nouvelles Politiques, et il avait toujours conservé l'ancien usage des Énigmes et des Logogriphes, dont il donnait l'explication dans le volume qui suivait...
Les gazettes de Hollande, celles d'Allemagne et quelqu'unes d'Italie, qui s'imprimaient en France, étaient utiles pour confronter les nouvelles ; les

gazetiers s'empressaient d'en donner ; ils n'avaient pas le temps de les vérifier ; ils se trompaient quelquefois et la nécessité de se dédire leur fournissait des articles pour remplir les feuilles successives. » (Goldoni, *Mémoires*)
Toujours suivant Goldoni, un bon gazetier devait « être promptement instruit, véridique, impartial, simple et correct dans son style ».

Genièvre (marchand de)

On usa du genièvre depuis le Moyen Âge pour parfumer l'intérieur des maisons. Franklin cite à ce sujet quelques lignes du journal d'Héroard, médecin de Louis XIII. Enfant, celui-ci « fit parfumer de genièvre partout où Le Borgne, portefaix, avait passé portant le bois dans sa chambre, parce qu'il puait. »

« Bourrée de genièvre je vends
C'est du bois qui n'est pas commun
On n'en vend pas un à chacun
Pourquoi je n'en crie pas souvent. »

Grenouilles (pêcheur de)

Au grand dégoût de certains de leurs voisins, les Français sont – et depuis longtemps – d'incorrigibles mangeurs de grenouilles. Les pêcheurs de grenouilles officiaient dans les prés marécageux de Fresnes, de Rungis ou sur les bords de la Seine. La technique de pêche était connue de toujours : une gaule, un fil, un morceau de chiffon rouge en guise de leurre, et un simple coup de poignet suffisait à faire tomber le batracien dans un sac de jute accroché à la taille. Les plus intrépides choisissaient, malgré interdiction formelle, de pêcher la nuit, à la lanterne. Vendues aux Halles, les grenouilles les plus chanceuses, celles à qui l'on n'arrachait pas, vivantes, les pattes arrière, mouraient pour la science, mortifiées par les étudiants de la faculté de médecine. Certains spécimens, encore plus chanceux, finissaient leurs jours sur les marchés de la place Monge ou de la place Maubert. Un fil accroché à une patte, ces grenouilles étaient engagées comme gobe-mouches, chargées d'avaler les insectes qui s'approchaient de l'étalage. Un marché aux grenouilles avait lieu rue Geoffroy-Saint-Hilaire, à l'angle du boulevard Saint-Marcel.

« Un marché aux crapauds ». Dessin extrait du *Journal illustré*.
© Coll. Kharbine-Tapabor

Vente en gros de grenouilles aux Halles. Carte postale, vers 1920.
© Coll. Alain Chevallier

Un fil accroché à une patte, des grenouilles étaient engagées comme gobe-mouches, chargées d'avaler les insectes qui s'approchaient de l'étalage.

H

Hanouard (ou porteur de sel)

« Des hanouards déchargeant une cargaison de sel : marchand de sel, mesureur et porteur ». Gravure de J. Nyverd, 1528.
© BHVP/Coll. Grob/Kharbine-Tapabor

« Quand je vois les hanouards ou porteurs de sel, je me rappelle qu'ils avaient le privilège de porter sur leurs épaules les corps des rois jusqu'à la prochaine croix de Saint-Denis, parce qu'à eux appartenait l'art de les couper par pièces, de les faire bouillir dans de l'eau et de les saler ensuite, ce qui remplaçait d'une manière très grossière l'art d'embaumer – qui était perdu et qu'on ne retrouve depuis que d'une manière fort imparfaite.
On a salé ainsi et Philippe le Long et Philippe de Valois qui les premiers mirent un impôt sur une marchandise de première nécessité, dont le commerce avant eux était permis à tout le monde. La nature nous donnait cette denrée, les rois nous l'ont vendue. Le minot de sel coûte à Paris 60 livres 7 sols. » (Mercier)

« Du sel, du sel ! j'en ay assez
C'est bonne sauce, bon appetis
Il n'y a ne grands ne petis
Qui de ce sel ce sceust passer. »

La gabelle, impôt aussi célèbre qu'impopulaire, réclamait une organisation importante. Le sel arrivait par bateau quai de la Saulnerie (actuel quai de la Mégisserie). Les hanouards, officiers jurés, le débarquaient, l'entreposaient au grenier à sel, rue des Orfèvres. Là, les chefs de famille venaient acheter la part qui leur était dévolue.
Un tribunal dit du grenier à sel siégeait sur place et assurait le bon déroulement de la distribution. La gabelle fut supprimée en 1790.

Ci-dessus.
« Dispute entre la marchande de poisson et la marchande de carottes ».
© PMVP

Marchande de poisson.
Carte postale, vers 1905.
© Coll. Kharbine-Tapabor

Harengère (ou poissarde)

De tout temps, les harengères furent célèbres pour leur franc-parler et leurs rudes manières.

Berthod, au XVIIe siècle, retranscrivait leurs propos fleuris :

« Va donc ladresse, maquerelle
Va-t-en ailleurs chercher querelle
Vieille garce du temps passé
Vieille rongneuse au cul cassé
Putain du temps de La Rochelle,
Vieux fourniment, vieille escarcelle,
Va-t-en au diable et dans l'Enfer
Servir de femme à Lucifer
Va-t-en lui baiser au derrière
Aussi bien es-tu sorcière… »

Les harengères héritèrent d'une telle réputation que Furetière souligne qu' « on appelle figurement et par ressemblance toutes les femmes rustiques, fortes en gueules, qui disent des paroles ou font des actions sales et insolentes, que ce sont des harengères, qu'elles disent des injures de harengères ».

En 1719, Delamare, dans son *Traité de la Police,* remarque que « le commerce en détail du poisson d'eau douce est depuis plusieurs années entre les mains des femmes aussi bien que celui du poisson de mer ».

Chaque jour, le maître queux du roi venait choisir sur l'étal les plus beaux spécimens ; c'était ensuite le tour des maîtres d'hôtel, puis des servantes des petits bourgeois. Pour finir, les pauvres gens, bien évidemment, se contentaient de la marchandise la moins enviable.

Mercier s'en insurge : « Les poissonnières de Paris ne vendent le poisson que quand il va se gâter. Elles tiennent le marché tant qu'elles veulent. Il n'y a que le Parisien au monde pour manger ce qui révolte l'odorat : quand on lui en fait le reproche, il dit qu'on ne sait que manger et qu'il faut qu'il soupe. Il soupe, et avec ce poisson à moitié pourri, il se rend malade. »

« Dans tout le marché on entend crier parmi les poissardes des maquereaux et harengs frais, des carpes et limandes, merlans et brochets, voilà des anguilles et de beaux carrelets. »

Malgré tout, les harengères bénéficiaient d'une vraie popularité et d'un statut à part au sein des métiers de rues. Une place d'honneur leur était réservée dans les cérémonies. Elles venaient rituellement présenter leurs félicitations au roi et à la reine à la naissance d'un fils de France.

Elles connurent même la célébrité : *Madame Angot ou la poissarde parvenue* fut un énorme succès théâtral. Et pendant un temps, les Parisiens à la mode s'exprimèrent en style poissard.

La tradition de grande gueule se maintint chez les dames de la Halle. Ainsi ce dialogue recueilli par Doucet dans *Les Petits Métiers de Paris*. La scène se passe à la fin du XIXe siècle, devant un étal de poissons. Passe une cliente.

« Est-il bien frais votre poisson ? Il n'est pas très vivant !

— Et vous, rétorque la poissonnière, vous êtes bien vivante et pourtant vous n'êtes pas fraîche ! »

Huchier

Le *Dictionnaire du mobilier* de Viollet-le-Duc fait une belle place au métier de huchier. Ce métier, dont le nom et l'origine remontent au Moyen Âge, désignait l'ancêtre de nos ébénistes et de nos menuisiers. Le huchier fabriquait huches, coffres, buffets, armoires, portes, volets et bancs… S'il décorait un mobilier d'un motif, c'était toujours de plein bois et défense lui était faite de coller des figures ou des morceaux déjà sculptés. Les huchiers arpentaient les rues de Paris au cri de :
« Huche et le banc sai bien refere
Je sais moult que je sai fere. »

Huîtres (marchand d')

On goûta les huîtres dès le Moyen Âge, et l'on en fit grande consommation tout au long des XVIIe et XVIIIe siècles.
L'huître à écaille, transportée sur des bateaux-coches, était vendue dans sa coquille. L'huître de chasse, jugée plus commune, arrivait chaque matin sans coquille dans les paniers des chasse-marée. On parait l'huître de mille vertus ; elle était notamment censée guérir les rhumes. C'était aussi le mets par excellence des repas entre amis. Un témoin du XVIIe siècle cite pour Paris le chiffre de quatre mille marchands d'huîtres ! À toute heure du jour, ils passaient dans les rues à crier leur marchandise.
« Et quand dans la suite des siècles, Paris sera renversé, détruit de fond en comble, les naturalistes futurs, rencontrant sur un petit point une immense quantité de coquilles d'huîtres soutiendront que la mer a passé sur notre terrain : il y aura de quoi écrire », ironise Mercier.
L'huître se consommait cuite le plus souvent et toujours en grande quantité. À une époque où bien manger signifiait bâfrer des heures durant, ce n'étaient pas deux ou trois douzaines qui pouvaient suffire aux amateurs. Mercier raconte que

**« J'ai d'la portugaise
Qui met le cœur à l'aise
J'ai de la Cancale
La gloire de la Halle
J'ai de l'Arcachon
Amour des gloutons. »**

son ami Crébillon fils en consommait cent douzaines. Pour les faire passer, « il buvait du lait chaud, tandis que j'avalais le champagne : il m'offrait son lait et je lui offrais ma bouteille. Nous disputions chaudement sur le digestif ; c'était à peindre, il avait raison, j'avais tort ; le lait est le véritable dissolvant des huîtres ! »

Au XIXe siècle, les Parisiens raffolaient toujours autant des huîtres. Devenues moins chères, elles étaient accessibles à tous : lorettes, étudiants ou riches bourgeois s'en régalaient. On continuait à les vendre aux coins des rues, sur de petites charrettes branlantes.

Difficile de garantir la fraîcheur des fragiles mollusques dans ces conditions. Le marchand d'huîtres ambulant disparut au début du XXe siècle.

« Marchand d'huîtres ». Gravure extraite de *Paris à travers les siècles* de Genouillac, vers 1880.
© Coll. Jonas/Kharbine-Tapabor

Magasin vendant des huîtres et des escargots, situé 15-17, rue de la Gaîté, 14e. Carte postale, vers 1905.
© Coll. Alain Chevallier

I

Images (marchand d')

« Marchand d'images ». Gravure de Martin Engelbrecht, vers 1735.
© Archives Charmet/Bridgeman Art Library

« Allons voir ce marchand d'Images
C'est un illustre personnage
— J'ai de beaux crayons à la main
Qui sont faits sur du parchemin
J'ay de bellissimes Estampes
Que j'ay eu d'un peintre d'Étampes
[…] Il nous montrera des grimaux
Qu'il nous fera passer pour beaux,
Des tailles douces enfumées
Mal faites et mal-imprimées
De meschants petits charbonis
De vieux morceaux de griffonis
Desquel il fait autant d'estime.
Que d'une chose rarissime. »
(Colletet)

La rue Saint-Jacques était célèbre pour ses boutiques d'estampes. Le vendeur d'images en plein air opérait plutôt sur les trottoirs de l'hôtel des Monnaies ou dans des passages, aux alentours de l'Institut.

L

Lâcheur

Il s'agissait du pilote chargé de conduire les bateaux depuis Bercy jusqu'au Gros Caillou en leur faisant passer les ponts de Paris. Le mot lâcheur s'appliquait à l'origine à celui qui conduisait des trains de bois sur une rivière.

Laquais

« [L'abbé de Pompadour] avait un laquais... à qui il donnait tous ses gages, tant par jour pour lire le bréviaire en sa place et qui le barbotait dans un coin des antichambres où son maître allait. » (Saint-Simon)
Laquais ou valet ? Le *Dictionnaire des arts et métiers* nuance : « Quoique le laquais et le valet aient, à peu de choses près, les mêmes fonctions à remplir, on distingue cependant l'un de l'autre, en ce que le premier est un homme de suite et le second un homme de service ; celui-ci emporte une idée d'utilité et l'autre d'ostentation. Il est plus honorable d'avoir un laquais qu'un valet. »
À la fin du XIVe siècle, de nouvelles habitudes de luxe se répandirent dans les classes privilégiées. À Paris, le nombre des laquais crût de manière prodigieuse pour former, deux siècles plus tard, un dixième de la population ! Leur réputation était exécrable. Ne disait-on pas « fripon comme un laquais » ? Tapages, vols et autres rixes étaient souvent leur fait. Bouchot rapporte l'anecdote suivante à propos de Voisenon. Proche de la mort, il avait commandé un énorme cercueil de plomb qu'il fit porter dans sa chambre par son laquais, suant sang et eau à traîner cette énorme charge.

« Un courtisan et son laquet ».
Gravure d'Abraham Bosse, XVIIe siècle.
© Bridgeman Art Library

« Le diable serait bien que tu me prisses cet habit-là ! », dit Voisenon. Ils jouaient un rôle essentiel auprès de leurs maîtres, qui n'hésitaient pas à utiliser leurs services de toutes les façons imaginables. « Chez les jeunes gens, dit Mercier, c'est le confident de monsieur quand celui-ci n'a pas d'argent ; c'est son proxénète, quand il a une fantaisie, c'est le menteur le plus intrépide quand il faut congédier des créanciers et tirer son maître d'embarras. »
Ces activités parallèles étaient si bien établies qu'on inventa le terme de grisons pour désigner les laquais « qui au lieu de porter les couleurs de leur maître, étaient habillés de gris, pour ne pas être reconnus et à qui l'on confiait des missions secrètes ». Qu'il s'agît d'affaires d'amour ou d'argent ou parfois des deux, on reprochait aux laquais leur malhonnêteté, mais leurs maîtres n'exerçaient guère sur eux de magistère moral. « Aux vertus qu'on exige dans un domestique, votre excellence connaît-elle beaucoup de maîtres qui fussent dignes d'être valets ? » (Beaumarchais)

Layetier

Le layetier fabriquait les coffres et toutes sortes de boîtes de bois, à chapeau, à perruque, étuis pour instruments de musique, cercueils, cages à écureuil et perroquets, etc.
« Je me plais dans la boutique d'un layetier ; elle est propre, et tout ce que je vois autour de moi est commode et utile. Ce ne sont point des armoires fastueuses, des meubles recherchés ; un coffre de bois léger convient à tout le monde ; il renferme quelquefois, sans être plein, la fortune d'un honnête homme, d'un homme de mérite ; c'est le plus souvent le trésor de la servante, du domestique fidèle, de l'indigent vertueux. » (Mercier)
La layette était le nom que l'on donnait aux petits coffres en bois. « Les femmes grosses préparaient leur layette, emplissant un de ces petits coffres de tout linge nécessaire tant pour leur couche que pour leur enfant. Quand on met un enfant en nourrice, on lui donne une layette. » (Furetière)

Limonadier

La limonade consommée aujourd'hui par les enfants fut pendant deux siècles, de la fin du XVIIe à la fin du XIXe, une boisson d'adultes, vendue par des limonadiers qui étaient également marchands de vin et d'eau-de-vie. Le succès du breuvage fut si grand que Louis XIV dut intervenir pour éviter la prolifération des limonadiers et surtout pour garder la mainmise sur ce marché lucratif. La corporation fut

« La Belle Limonadière ». D'après la gravure du journal *Le Bon Genre*, 1816.
© Coll. Alain Chevallier/ Photo J.-M. Drouet

plusieurs fois créée puis dissoute ; il faudra attendre 1713 pour qu'elle ait ses statuts définitifs. La limonade doit son succès au fait qu'elle était une des rares boissons sans alcool, absorbable sans restriction. Les livres de cuisine du XVIIIe siècle proposent tous des recettes de limonade à l'intention des officiers de bouche et des ménagères bourgeoises.

Lingère

Lingères au début du XXe siècle.
© Coll. Kharbine-Tapabor

Les lingères, qui s'appelaient avant le XVIe siècle chanevassières ou canevassières, virent leur corporation reconnue sous le règne de Saint Louis. Le roi octroya aux plus pauvres d'entre elles le droit d'exposer leurs marchandises le long du cimetière des Innocents.
« Elles étaient, écrit Savary, des filles d'une conduite suspecte, à qui on accorda des lettres de maîtrise pour les tirer d'un commerce moins honorable que celui de la lingerie. »
Les lingères s'occupaient aussi bien des linges (de chanvre ou de lin) que de la dentelle. On distinguait le linge de table, le linge fin, le gros linge, le linge de jour et le linge de nuit. On devenait maîtresse lingère après un apprentissage de deux ans. Les femmes mariées n'étaient pas admises. Chaque maîtresse avait à son tour le droit d'engager une apprentie.
En 1789, on comptait près de sept cents maîtresses lingères à Paris. Leur travail consistait en la confection, la vente et la réparation du linge de maison. Les meilleures d'entre elles se trouvaient dans la galerie commerciale du Palais de justice.

Lunettes (marchand de)

L'optique et l'ophtalmologie sont des sciences récentes, pourtant les lunettes étaient connues dès le Moyen Âge. On les nommait bésicles. Pour s'en procurer, il fallait aller chez un artisan lunetier – qui fabriquait aussi des loupes et toutes sortes d'objets grossissants – ou bien s'en remettre au marchand de lunettes, petit vendeur ambulant qui poussait une carriole sur laquelle était posé un bric-à-brac de montures. On les essayait une à une pour trouver une paire qui pouvait à peu près convenir. Le client devait bien souvent se contenter d'une approximation, car le marchand de lunettes ne savait pas tailler les verres.

Camelot parisien vendant des loupes et des lorgnettes, 1909.
© Boyer/Roger-Viollet

« Un atelier de lingères ». Gravure du Premier Empire.
© ND/Roger-Viollet

M

Maître d'agréments

« Oui, M. l'étranger, vous avez beau ouvrir de grands yeux et me témoigner votre surprise, nous avons des maîtres en l'art des manières et qui forment nos jeunes gens curieux du grand art de plaire. Cet art a ses principes et ne marche point au hasard, comme sur les bords de la Neva. On traite les minuties en grand et les affaires sérieuses en bagatelles. Ces maîtres les instruisent à sourire devant un miroir avec finesse, à prendre du tabac avec grâce, à faire une référence avec une légèreté particulière. » (Mercier)

Le maître d'agréments n'était pas uniquement un docteur ès badinages, un professeur de maintien et de bonnes manières qui enseignait à « d'obligeants diseurs d'inutiles paroles » (Molière) ; c'était avant tout un sophiste, qui transmettait à une jeunesse dorée l'art et la manière de se pousser en société. Car s'il fallait savoir chanter, danser et voltiger pour plaire dans les salons, il fallait aussi apprendre à avancer masqué, à feindre pour mieux séduire, à séduire pour mieux convaincre. La cour, depuis Louis XIV, était le lieu de toutes les intrigues et de toutes les promotions. Nul n'eût pu réussir qu'il n'eût appris l'art de bien paraître. Un geste déplacé, une parole malheureuse et la disgrâce était signée. Si les agréments, poussés jusqu'à la frivolité, donnèrent les précieuses ridicules et les Trissotins de Molière, ils permirent aussi aux intrigants de briguer les plus hautes charges. Les maîtres d'agréments disparurent après la Révolution.

Le maître d'agréments n'était pas uniquement un docteur ès badinages, c'était avant tout un sophiste.

Maître en fait d'armes

« Comment considérer un édit qui défend le duel et une communauté de maîtres en fait d'armes qui n'apprennent rien autre chose qu'à tuer un homme proprement ? Les maîtres en fait d'armes disent que leur art développe le corps. Plaisante excuse ! Ce métier de subtilités, comme dit Montaigne, s'il n'eût pas été déshonoré, aurait bientôt métamorphosé les citoyens en gladiateurs. » (Mercier)
Tout le monde ne partageait pas cet avis. Le *Dictionnaire des arts et métiers*, de Macquer reflète l'esprit du temps en évoquant « un artiste qui est autorisé à enseigner dans une salle publique le maniement de l'épée ou la façon artificielle de se défendre contre son ennemi ». Chose étrange, ces armes étaient toujours qualifiées de défensives, et jamais au grand jamais employées à une fin offensive !
Au XVe siècle, les maîtres en fait d'armes, dits joueurs et escrimeurs d'épée, étaient une vingtaine à exercer dans Paris.

« Entraînement dans la salle d'armes de l'école Royale ». Lithographie d'Engelmann, XIXe siècle.
© Coll. Saltho/Kharbine-Tapabor

Maître Fifi

« À curer les puits
C'est peu de pratique
La gaigne est petite
Plus gagner ne puis. »

Les maîtres Fifi étaient cureurs de puits. On les nommait encore gadouards, vidangeurs ou maîtres des basses-œuvres. Jusqu'à une époque récente, Paris ne connaissait pas les égouts. Au Moyen Âge, les ordures domestiques étaient jetées à la rue. En 1531, à la suite d'une épidémie, les autorités exigèrent de chaque propriétaire la construction d'un puits par maison. Notable progrès. Mais un siècle et demi plus tard, les rapports de police montrent que les latrines et les fosses d'aisances étaient encore quasiment inconnues dans les demeures parisiennes! Les maîtres Fifi avaient fort mauvaise réputation. On les accusait d'ivrognerie, de malhonnêteté et de saleté. S'ils nettoyaient les puits, ils contribuaient par la même occasion à rendre la ville encore plus insalubre, en déversant les tonneaux d'ordures dans les ruisseaux…

« Le Récureur de puits ». Lithographie de Carle Vernet, vers 1820.
© Coll. Debuisson/ Photo J.-C. Doër

Marchand d'hommes

« En 1833, d'après l'invitation de M. le Président, le Capitaine vendit son étude. Sa femme mourut d'un cancer. Il alla vivre à Dijon ; ensuite il s'établit marchand d'hommes. » (Flaubert)
La loi de recrutement de 1832, fondée sur le tirage au sort, laissait aux malchanceux la possibilité de se faire remplacer en payant quelqu'un pour partir à leur place. Le marchand d'hommes était l'intermédiaire qui se chargeait de trouver le remplaçant, pauvre hère qui, pour quelques pièces sonnantes et trébuchantes, voulait bien prendre le risque de perdre sa vie prématurément.
Pour être moins ignobles que les recruteurs de sinistre mémoire, ces marchands d'hommes n'en usaient pas moins de méthodes peu ragoûtantes pour séduire les jeunes recrues : attrait d'une bourse bien remplie, enivrement des candidats, racolage avec la complicité de prostituées, tous les moyens étaient bons.

Mégotier (ou cueilleur d'orphelins)

« C'était une vraie calamité les totos de devant l'Ambigu… c'étaient surtout les mégotiers, ceux qui traînaient dans les terrasses qu'en étaient farcies… ils allaient en chœur à Saint-Louis chercher la pommade… ils partaient ensemble à la "frotte". » (Céline)
Le peuple parisien s'est souvent vengé de son existence misérable en inventant de fort jolis noms pour définir les métiers exécrables qu'il exerçait. Ainsi appela-t-il cueilleur d'orphelins la profession peu enviable de mégotier. À la fin du XIXe siècle, il n'était pas rare de voir place Maubert, sur les Grands Boulevards ou devant les théâtres à la mode la silhouette étrange du mégotier. Il marchait des journées entières, suivait les couples au sortir des restaurants, filait le bourgeois qui rentrait chez lui. De temps en temps, prestement, il se baissait ou bien tâtonnait de son étrange bâton sur le trottoir. Son manège n'avait qu'un but : la cueillette des mégots. Ils

étaient près de deux cents au début du XXe siècle à vivre de cet étrange commerce. À la Bourse, c'étaient les havanes et les « cigares de Londres » que le mégotier ramassait ; place Maubert, le tabac gris et les mauvaises cigarettes ; devant les théâtres, il trouvait plutôt des bourres de pipe et des cigarettes parfumées. Dans les beaux quartiers, la récolte était meilleure encore car un homme élégant ne fumait jamais sa cigarette jusqu'au bout mais la jetait à moitié consumée. Ces déchets rassemblés subissaient de savantes manipulations. Le gros était trié du fin (c'est-à-dire les cigares des cigarettes), le tabac lavé brin par brin, sélectionné et soigneusement séché sans être exposé au soleil ou à une source de chaleur. Une fois ces différentes opérations accomplies, il ne restait plus qu'à rouler de nouvelles cigarettes et à les vendre bon marché aux besogneux du quartier Maubert : terrassiers, maçons, débardeurs, marmitons… qui ne pouvaient s'offrir du vrai tabac.

Quant aux brins trop abîmés, ils servaient d'insecticide et étaient vendus aux horticulteurs de banlieue.

Ramasseur de mégots.
Carte postale, vers 1905.
© Coll. Kharbine-Tapabor

Mercier

Qui songerait aujourd'hui que le métier de mercier fut en d'autres temps une profession de grands commerçants voyageurs parcourant les routes et les chemins d'Europe tout au long de l'année ? Leurs armoiries, composées de trois navires surmontés d'un soleil, portaient la devise « Nous te suivrons par toute la terre ». Ils ramenaient des marchés d'Italie et d'Espagne les produits venus du Moyen-Orient. Tissus soyeux, parfums, peignes, bourses, soies vives et ceintures chamarrées fascinaient les riches Parisiens.

« Marchands de tout, faiseurs de rien », les merciers incarnaient l'opulence et les privilèges au sein d'une société où tout travail manuel était encore un témoignage d'avilissement. Un peintre renommé bénéficiait alors d'infiniment moins de considération qu'un simple mercier. « Mercier grossier (en gros), joyaulier, vendant bagues, joyauls, draps de soie, quincaillerie d'armes et chenests est de ceux qui sont les meilleurs métiers », relève un écrit du XVIe siècle.

« Costume de mercier ». Gravure, vers 1700.
© Coll. Kharbine-Tapabor

Jusqu'au XVe siècle, la rue Quincampoix abrita les plus célèbres d'entre eux. Les galeries intérieures du Palais de justice, d'ailleurs appelées galeries aux Merciers, furent aussi très fréquentées par la meilleure société, qui venait y chercher passements, rubans, éventails ouvragés ou bijoux.

Les merciers revendeurs au détail ne connaissaient pas la même opulence. Simples petits marchands, leur vie était faite des soucis des pauvres gens. « À petit mercier petit panier », disait-on pour signifier que la vie était possible… à condition d'ajuster ses dépenses à ses gains.

« Petit mercier, petit panier !
Pourtant si je n'ai marchandise
Qui soit du tout à votre guise,
Ne blâmez pour ce mon métier.

Je gagne denier à denier,
C'est moin du trésor de Venise.
Petit mercier, petit panier !
Pourtant si je n'ai marchandise…
Et tandis qu'il est jour ouvrier,
Le temps perds quand à vous devise :
Je vais parfaire mon emprise
Et parmi les rues crier :
Petit mercier, petit panier ! »
(Charles d'Orléans)

« Éguilles et longs lacets
Et les beaux peignes de buis
Regardez-les : ils sont bien faits
Achetez vous voyez ce que c'est. »

« Les Boutiques de la galerie du Palais de justice sous Louis XIII ». Gravure d'Abraham Bosse, XVIIe siècle.
© PMVP/Degraces

Meunier

Durant des siècles, des moulins à eau s'édifièrent tout au long de la Seine et des moulins à vent se dressèrent sur la butte Montmartre, dans l'actuel quartier de l'Opéra ou le long des remparts. Jusqu'à l'apparition des grandes minoteries au XIXe siècle, le meunier a été un personnage important, respecté et jalousé pour sa richesse.

La profession jouissait d'une détestable réputation : « Ils sont ordinairement larrons », explique Rabelais. On accusait régulièrement les meuniers de prélever du grain sur le blé qu'on leur confiait. On fit d'innombrables plaisanteries sur la malhonnêteté du meunier. Ainsi Tabarin, dans ses *Fantaisies* :

« Quelle est la chose la plus hardie du monde ? — C'est la chemise d'un meunier, parce qu'elle prend tous les jours au matin un larron à la gorge. — Et l'animal le plus hardi de la terre ? — L'âne du meunier car il est tous les jours au milieu de larrons ! »

« Meuniers transportant des sacs de blé au moulin à eau ». Gravure du XVIIe siècle.
© Rue des Archives

Mode (marchande de)

Le XVIIIe siècle connut le règne de la marchande de mode. Taffetas, rubans, plumes, dentelles… Ni mercière, ni couturière, la marchande de mode dictait le style du moment aux dames de la cour. Sans la grâce de son art, une élégante ne valait guère plus qu'une provinciale.
« Rien n'égale la gravité d'une marchande de mode combinant des poufs, et donnant à des gazes et des fleurs une valeur centuple. Toutes les semaines, vous voyez naître une forme nouvelle dans les bonnets. L'invention en cette partie fait à son auteur un nom célèbre. Les femmes ont un respect profond et senti pour les génies heureux qui varient les avantages de leur beauté et de leur boutique. » (Mercier)
Le prix des toilettes atteignait des sommes exorbitantes. Un chapeau pouvait valoir cent cinquante livres, c'est-à-dire le salaire annuel d'un ouvrier. La fureur atteignit bientôt les classes bourgeoises.
« Tout cela est bien fou ! Mais l'usage, le sceptre inébranlable en main, règle tout, ordonne tout : il n'y a point de réponse à ces mots – on dit, on fait, on pense, on s'habille ainsi ! » (Mercier)

Une marchande à la toilette au marché du Temple. Carte postale, vers 1905.
© Coll. Alain Chevallier

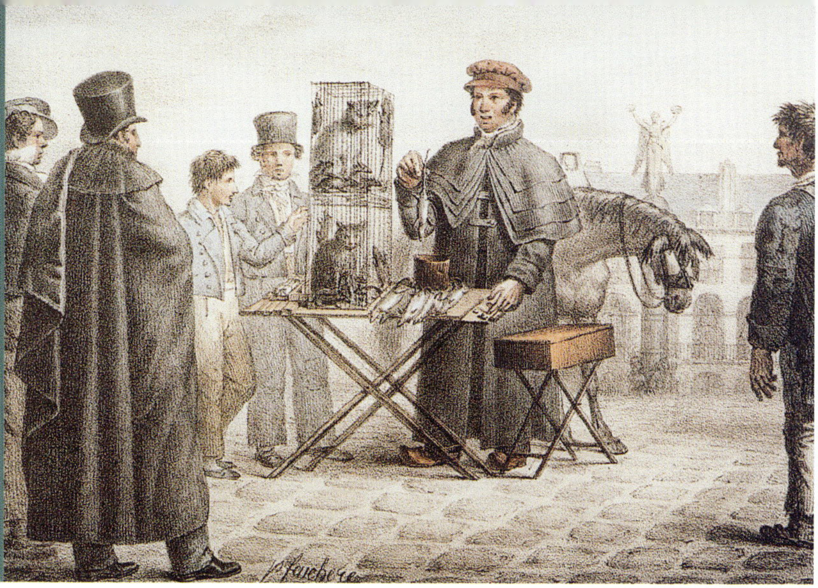

« Le Marchand de mort-aux-rats ». Lithographie de Marlet, début du XXe siècle.
© Coll. Kharbine-Tapabor

Mort-aux-rats (marchand de)

Un gibet était son enseigne. Il portait à travers les rues une longue perche couverte de dépouilles de rats et proposait ses souricières aux Parisiens au cri de :

« La mort-aux-rats et aux souris
C'est une invention nouvelle
Qui est assez bonne et belle
Pour prendre les rats et les souris. »

> « La quantité de rats qui sont dans Paris (je ne parle pas de ceux qui logent dans les cervelles) surpasse l'imagination. » (Mercier)

On élevait les chats depuis le Moyen Âge et la plupart des maisons en abritaient mais les félins ne pouvaient à eux seuls endiguer la prolifération des rats. Pour s'en convaincre, il suffisait d'assister à la démonstration du marchand. À ses côtés un gros chat, œil mi-clos, et deux ou trois souris dans une cage. Les badauds s'excitaient, on se pressait. Tout cela sentait le carnage. On attendait en silence l'instant terrible. Pourtant rien ne venait. Pas le moindre frémissement de moustaches chez le félin.

« Voyez, M'sieurs-dames, un chat, c'est juste bon à se chauffer au coin du feu mais avec une souricière, par contre c'est autre chose ! »

Et l'on achetait en nombre les fameux pièges. Personne ne semblait s'apercevoir que le chat du marchand, gavé de nourriture, était en pleine digestion. Par cette astuce, de belles ventes étaient assurées.

« Les Singes, l'Ours et les Chiens savants ». Lithographie anonyme. © PMVP/Pierrain

Montreur d'animaux

« De par le Roi et monsieur le Lieutenant général de police, Messieurs et dames, vous êtes avertis qu'il est arrivé depuis peu en cette ville un animal nommé Rhinocéros, animal que l'on a cru apocryphe jusqu'à présent. Il fut pris en Asie dans la province d'Assam qui appartient au Grand Mogol, en 1741, par un capitaine marinier, lequel capitaine le fit transporter de Bengalen par mer en Hollande. Il n'avait que trois ans lorsqu'il fut pris. Sa taille était alors de cinq pieds et sept pouces de longueur et douze pieds de grosseur. Il est devenu depuis ce temps-là beaucoup plus grand et plus gros ; ce monstre est de couleur musc. Il n'a pas de poils comme l'éléphant sinon aux extrémités des oreilles et au bout de la queue où l'on en voit tant soit peu ; il a une corne placée sur le nez, laquelle corne lui sert à se défendre contre son ennemi antipathique qui est l'éléphant. Il court avec une légèreté étonnante. Il sait nager et il aime à se plonger dans l'eau comme un canard. Sa tête se rend un peu pointue sur

Montreur d'ours.
Carte postale, vers 1905.
© Coll. Kharbine-Tapabor

le devant. Ses oreilles ressemblent à celles d'un âne. Ses yeux sont excessivement petits pour sa taille qui est énorme. Il semble que sa peau soit couverte de coquilles. Elles se battent l'une contre l'autre quand l'animal se remue ; elles sont épaisses de deux pouces. Ses pieds sont carrés et fort gros. Il a trois griffes. Cet animal, comme il est dit ci-dessus, est l'ennemi juré de l'éléphant. Quand ils se rencontrent, il est infaillible qu'ils se battent. Le Rhinocéros se met sous le ventre de l'éléphant et lui enfonce sa corne dans le ventre jusqu'à ce que l'éléphant succombant à sa douleur se laisse tomber et écrase son ennemi par le propre poids de son corps. Pour sa nourriture il mange soixante livres de foin et vingt livres de pain par jour ; il boit quatorze seaux d'eau et de la bière. Il a été pesé à Stouquart dans le pays de Wirtemberg le 6 mai 1748, il pesait cinq mille livres. Il n'est pas très farouche, il est au contraire très apprivoisé, doux, si l'on peut se servir de ce terme, comme une tendre colombe, parce qu'il n'avait qu'un mois quand quelques Indiens l'attrapèrent avec des cordes ; ils tuèrent sa mère à coups de flèches. À deux ans ce Rhinocéros courait dans les appartements comme pourrait faire un chien. Il allait autour des tables des seigneurs où on le menait pour le faire voir et se laisser caresser par tout le monde. Il faut mener ce monstre en chariot et que le chariot soit couvert. Il faut, quelquefois, c'est-à-dire quand les chemins sont mauvais, mettre jusqu'à vingt chevaux pour le tirer; il sort de sa cabane sans aucune difficulté. Cet animal a été vu dans les cours d'Allemagne où il a fait l'admiration des cours étrangères... On le voit au bas de la rue de Tournon, cul-de-sac de l'Opéra-Comique, rue des Quatre-Vents. On le montre de huit heures du matin à huit heures du soir. »

Les montreurs d'animaux étaient fort nombreux à Paris. Ils se produisaient lors des foires et des grandes fêtes populaires ou religieuses. Ils profitaient de l'ignorance du peuple parisien – et de son insatiable curiosité – pour exhiber des animaux rares venus d'Afrique et d'Asie. Les girafes, les rhinocéros, les hyènes et les éléphants étaient les plus recherchés. Les montreurs affectionnaient aussi les monstres (mouton à trois têtes, vache à sept pattes) qui faisaient frémir le public. Ils gagnaient surtout leur vie avec les animaux savants : chiens sachant compter, singes acrobates, lapins joueurs de tambour et même... serins dressés ! « Les serins arrivent par l'éducation à un degré d'adresse réellement incroyable. J'en ai vu qui montaient la garde avec un fusil sur l'aile, qui patrouillaient bien mieux que les bisets de la 1re légion, et qui, après avoir mis le feu aux amorces de leurs canons, savaient très bien contrefaire les morts ou les blessés après l'explosion. » (Doucet)

Mouron (marchand de)

« Faut-il du mouron pour les petits oiseaux ?
Faut-il d'l'herbe à chat ? »

C'était le cri que l'on entendait lorsque passait la marchande à la hotte d'osier. Tôt le matin, elle arpentait les quartiers populaires et proposait sa marchandise. Les clients se comptaient par centaines. Depuis toujours, les Parisiens affectionnent les animaux domestiques. L'un avait sa pie, l'autre

son couple de serins, ici un perroquet irritait le voisinage, là trois perruches sévissaient dans le plus beau désordre. « Plus les gens sont pauvres à Paris, relève Mercier, plus ils ont de chiens, de chats, d'oiseaux…, pêle-mêle dans une petite chambre. On les sent avant que d'entrer. Les couturières en chambre, les concierges de bonnes maisons, les tailleurs, les cordonniers, les ciseleurs, les brodeurs, tous les métiers sédentaires tiennent toujours quelqu'animal enfermé dans une cage, comme pour lui faire partager l'ennui de leur propre esclavage. »
Le mouron se ramassait dans Paris sur quelque terrain abandonné ou le long des fortifications. Lorsqu'il se faisait rare, il fallait s'éloigner pour de longues courses à travers les prés. On revenait la hotte lourde de millet et de plantain. Mais la ville ne cessait de s'agrandir, les courses de s'allonger, le métier devenait de plus en plus difficile. Vers la fin du XIXe siècle, les marchands de mouron décidèrent de créer un syndicat et l'on dénombra près de trois mille personnes à la première réunion. L'année suivante, cependant, le syndicat était oublié et les troupes dispersées.

« Pour les p'tits oiseaux ». Photographie d'Eugène Atget.
© Coll. Kharbine-Tapabor

Nattier

Au Moyen Âge, on recouvrait sols et murs de nattes de paille durant l'hiver. Tous les citadins, de l'artisan au prince du sang, en garnissaient leur intérieur. Ces nattes réchauffaient des demeures austères et glaciales. L'usage des tapis et tapisseries d'Orient supplanta peu à peu celui des nattes. Le métier de nattier, jusqu'alors florissant, devint difficile et précaire. Le nattier ne s'occupa plus, dès lors, que de rempailler les chaises et de fournir diverses sortes d'objets tressés en jonc ou en paille.

« Esnates, esnates torches à chaudière,
Aujourd'hui je n'en vends guère
Je n'en vendrai pas tant qu'hier. »

Nourrice

« Une nourrice, nous dit Diderot, est une femme qui donne à têter à un enfant et qui a soin de l'élever dans les premières années. Les conditions nécessaires à une bonne nourrice se tirent ordinairement de son âge, du temps qu'elle est accouchée, de la constitution de son corps, particulièrement de ses mamelles, de la nature de son lait, et enfin de ses mœurs. [...] Ses mamelles doivent être entières, sans cicatrices, médiocrement fermes et charnues, assez amples pour contenir une suffisante quantité de lait, sans être néanmoins grosses avec excès. Les bouts des mamelles ne doivent point être trop gros, durs, calleux, enfoncés, il faut qu'ils soient un peu élevés, de grosseur et fermeté médiocre, bien percés de plusieurs trous afin que l'enfant n'ait point trop de peine en les suçant et les pressant avec sa bouche. Son lait ne doit point être ni trop aqueux, ni trop épais. [...] Enfin, outre les mœurs requises dans la nourrice, il faut qu'elle soit vigilante, sage, prudente, douce, joyeuse, gaie, sobre et modérée dans son penchant à l'amour. »

La Jeune Nourrice. Tableau de Louis-Henri Deschamps.
© PMVP/Briant

L'existence des nourrices remonte à la nuit des temps. Au Moyen Âge, les familles aisées engageaient dès la naissance une femme qui tenait lieu de mère nourricière. Cette nourrice restait le plus souvent dans la famille et devenait ensuite femme de chambre ou dame de compagnie. Dans les milieux bourgeois, elle était rarement gardée au-delà du sevrage et partait proposer ses services ailleurs. Presque tous les rois de France eurent une nourrice, choisie généralement parmi de robustes paysannes. À la fin du XVIIIe siècle, les philosophes des Lumières critiquèrent cette pratique « contre-nature », et l'usage s'en perdit peu à peu.

Nourrisseur

Il y eut jusqu'à une époque récente des vaches à Paris. Leur lait était vendu chaque matin par les nourrisseurs ou leur famille. La capitale comptait près de quatre mille vaches en 1745, et des nourrisseries étaient implantées dans presque tous les quartiers de la capitale. Un simple panneau suffisait à les annoncer : « Ici, lait chaud matin et soir. » Les pauvres vaches ne paissaient pas souvent dans un pré, mais produisaient assez de lait pour alimenter les Parisiens. Le lait était vendu directement à la nourrisserie, ou bien sous les portes cochères au cri de :

« Au matin pour commencement
Je crie du laict pour les nourrices,
Pour nourrir les petits enfants
Disant : ça toste le pot, nourrice. »

Les laitières utilisaient parfois de petites charrettes avec lesquelles elles livraient le lait à domicile.

Afin que le lait ne tourne pas trop vite, les laitières plaçaient une feuille de raifort dans chaque bidon. Elles baptisaient aussi le lait, comme on fait avec du mauvais whisky, en le coupant avec de l'eau pour le rendre plus digeste. « Quand des amateurs, nous dit La Bédollière, désiraient

« La Marchande de crème ». Gravure d'après Michel Poisson, 1774.
© Coll. Jonas/Kharbine-Tapabor

Une marchande de lait.
Photographie d'Eugène Atget, 1899.
© BHVP/Coll. Grob/Kharbine-Tapabor

absolument goûter du lait exempt de baptême, ils dépêchaient à l'écurie des femmes de confiance qui surveillaient le nourrisseur occupé à traire. Dans ce cas le lait est pur, mais en quantité bien minime. Le gourmet paie cinquante centimes ce qui en vaut quinze, car il est un art de faire mousser le lait comme la bière et déborder un vase sans le remplir. »
Tous les mardis à la Chapelle Saint-Denis et les samedis à la Maison-Blanche se tenait une importante foire aux bestiaux. Notons, comme nous l'apprend encore La Bédollière, que bien avant les miracles de la manipulation génétique, les vaches parisiennes avaient la faculté de se transformer en… bœufs dès qu'elles étaient mortes. Les bouchers vendaient en effet la viande de vache sous l'appellation *bœuf*, davantage prisé, donc plus cher. Quant aux vaches mortes de vieillesse, elles fournissaient la pitance des lions et des tigres du zoo du Jardin des Plantes.

Nouvelliste

« Un groupe de nouvellistes dissertant sur les intérêts politiques de l'Europe, forme sous les ombrages du Luxembourg un tableau curieux. Ils arrangent les royaumes, règlent les finances des potentats, font voler les armées du nord au midi. » (Mercier)

Au XVIIIe siècle, le nouvelliste était un personnage familier du Pont-Neuf et du Palais-Royal. Il annonçait à la foule le dernier traité de paix conclu, l'arrivée d'un nouvel ambassadeur, les mariage princiers avant même que les intéressés soient au courant, le décès de qui se portait le mieux du monde… toutes les grandes et petites nouvelles qui passaient à proximité de ses oreilles de colporteur d'informations, parfois vraies, souvent fausses.

Goldoni venait de louer un appartement au Palais-Royal et, de sa fenêtre, il observait les nouvellistes en pleine activité : « J'avais devant moi ce fameux marronnier que l'on appelait l'Arbre de Cracovie, autour duquel les nouvellistes se rassemblaient, débitant leurs nouvelles, traçant sur le sable avec leurs cannes des tranchées, des camps, des positions militaires, et partageant l'Europe à leur gré. » Qui étaient donc ces infatigables bavards ? Furetière évoque des « curieux de nouvelles et des nobles ruinés et fainéants qui sont d'ordinaire nouvellistes (ou généalogistes) ».

« Les Nouvellistes ».
Eau-forte, par Dunker, 1787.
© Coll. Alain Chevallier/
Photo J.-M. Drouet

O

« La Marchande d'oranges ». Lithographie extraite des *Femmes de Paris*, par Alfred André Géniole, 1841-1842.
© Lauros/Giraudon/Bridgeman Art Library

Oranges (marchande d')

« Il ne restait plus çà et là, échelonnés sur la route, que de misérables éventails. Éparpillées sur les trottoirs, des infantes hors d'âge vendaient des jujubes et des nougats tunisiens, des marchandes d'oranges poussaient leurs charrettes, braillant à tue-gorge : la belle Valence ! La belle Valence ! » (Huysmans)
« Belle Valence », « Portugal, Portugal ». C'est à ces cris que l'on pouvait reconnaître, au XVIIIe siècle, les marchandes d'oranges du Pont-Neuf : « Il est sur son amphithéâtre, au milieu du Pont-Neuf, le beau fruit jaune. Les passants s'arrêtent avec complaisance devant ses nombreuses pyramides, sa réjouissante odeur donne à toutes les bouches le mouvement du sourire et l'expression de la sensualité. » (Mercier)
Le cri demeura longtemps en usage. On cultivait l'orange de Nice à La Ciotat, que l'on entendait encore

« Portugal, Portugal » sonner haut et clair dans les rues de Paris. Durant tout le XVIIIe siècle, l'orange fut le fruit à la mode. On en faisait des desserts, on la cuisinait avec la volaille et il n'y avait point de fleurs ni de fruits plus employés par les distillateurs. « Les fleurs d'oranger, à cause de leur odeur agréable, sont fort en usage parmi nous, soit dans les parfums, soit dans les assaisonnements, c'est presque cette seule odeur qui a pris le dessus sur les roses, l'ambre et le musc. »
Le goût lancé, la passion demeura. Et l'on vit longtemps encore les marchands d'oranges proposer leurs maltaises et leurs oranges de Chine (ou mandarines) aux promeneurs parisiens.

« Chaque hiver, un fruit bienfaisant nous dédommage à Paris de l'absence de roses. » (Mercier)

Orviétan (marchand d')

« Tout Paris parle d'un homme aussi extraordinaire que mystérieux, un certain Christophe Contugi. Il a engagé toute une troupe et donne sur une estrade des spectacles de polichinelle, grâce auxquels il vend une bouillie médicinale qui guérit tous les maux, et qu'il a baptisée "orviétan".
Car une pareille médication
Ne se trouve en aucune nation !
Orviétan, orviétan !
Achetez orviétan !
Les bouffons masqués s'égosillent dans le tumulte à jurer qu'il n'y a pas sur la terre une maladie que l'orviétan ne puisse soigner ! L'orviétan guérit de la phtisie, de la peste, de la gale !
Un mousquetaire à cheval passe devant la baraque. Son pur-sang louche d'un œil injecté de sang, l'écume bave au mors. Des culs qui ne connaissent pas les culottes lui barrent la route, se pressent contre les fontes de la selle. Dans la baraque de Contugi, des voix entonnent :
"Oh ! Monsieur Capitan,
Achète de l'orviétan !" »
(Boulgakov)

Au XVIIe siècle, l'orviétan était à la mode. Sur une gravure conservée aux cabinets des Estampes de la Bibliothèque nationale, on peut lire :
« L'orviétan est bon contre toute sorte de venin
Contre morsure de beste venimeuse et chiens enragés
Contre la peste
Contre les vers qui nous mangent
Contre la petite vérole et autre. »
Et Molière le faisait déjà dire à un personnage de *L'Amour médecin* :
« Mon remède guérit, par sa rare excellence, plus de maux qu'on n'en peut nombrer dans tout un an : la gale, la rogne, la teigne, la fièvre, la peste, la goutte, la vérole, la descente, la rougeole. O grande puissance de l'orviétan ! »

Furetière évoque « ceux qui vendent en public de méchantes drogues, qui amassent le peuple avec des bouffonneries et que l'on dit marchands d'orviétan, de mithridate et de thériaque ».

Sur le Pont-Neuf, la foule se pressait autour de l'estrade. On écoutait avec un petit sourire les déclamations fabuleuses. Et puis, sceptique ou enthousiaste, on finissait toujours par repartir avec une boîte du précieux électuaire serrée contre soi. La divine poudre, composée de vingt-sept éléments fantaisistes et mystérieux (dont de la thériaque vieillie et de la poudre de vipère sèche garnie de son cœur et de son foie) fit fureur auprès des Parisiens. Était-ce pour leur plus grand bien ? Il est permis d'en douter à la lecture des innombrables récits d'empoisonnements et de morts brutales que recèlent les correspondances et mémoires de l'époque. Le marchand d'orviétan devint synonyme de charlatan.

«Je ne la vends pas, je la donne... Pour vous, Messieurrrs et Mesdames ce sera quatrrre sous! Quatrrre misérables sous! Allez la Musique!!... ». Illustration extraite des *Bosses de Polichinelle* de Jules Rostain, vers 1860.
© Coll. Kharbine-Tapabor

Oublies (marchand d')

« Et moi qui suis oublieux
Portant oublie à la saison
Pas ne dois estre oublieux
Car j'en suis, c'est bien la raison. »

Le marchand d'oublies, oublieur, ou oublieux, est « le garçon pâtissier qui va crier les oublies. On fait dire des chansons à l'oublieur quand on a vidé son corbillon d'oublies. » (Furetière)

Les oublies étaient de petites pâtisseries rondes, dépliées et cuites entre deux fers, faites de pâte délayée. Pour passer maître, le pâtissier devait fabriquer mille pièces en un jour !

Les jours de fête, qui tous étaient religieux, on rencontrait les marchands d'oublies à la porte des églises. Petit gâteau magique, l'oublie faisait s'envoler les soucis…

L'oublieux passait le soir dans les maisons et l'on jouait aux dés les délicieux gâteaux. Plus tard, au XIXe siècle, l'oublie disparut. On continua à jouer de la sorte mais avec des macarons. Puis vint le temps des plaisirs… les nouveaux gâteaux à la mode !

«Les Petits Marchands d'oublies». Carte postale, vers 1900.
© Coll. Kharbine-Tapabor

«À tous les coups l'on gagne». Lithographie de Carle Vernet, 1820.
© PMVP/Andreani

Oyer rôtisseur

« Une, deux, trois, quatre, cinq, six, sept, huit, neuf, dix…, dix rôtisseries ! […] en trois minutes de coche ! Tous les rôtisseurs du monde […] ne se sont-ils pas dit : Allons, allons vivre à Paris, les Français aiment la bonne chère, ce sont tous des gourmands, ils nous porteront aux nues, s'ils ont leur ventre pour dieu, ils feront leurs cuisiniers gentilhommes. » (Sterne)
L'oyer rôtisseur vendait au Moyen Âge les viandes prêtes à passer sur la table, volailles, pièces de mouton ou de bœuf bouillies ou rôties, selon les deux façons d'accommoder une viande.
Parmi les volailles, l'oie semblait la préférée des Parisiens. La poulaille sauvagine, c'est-à-dire le gibier à plume tels faisan, perdrix, bécasse ou coq de bruyère, connaissait aussi de nombreux adeptes.
Les rôtisseurs, fort nombreux à Paris, faisaient l'admiration des visiteurs. « Les Turcs qui vinrent à la suite du dernier ambassadeur ottoman, ne trouvèrent rien de plus agréable dans tout Paris que la rue de la Huchette, à raison des boutiques de rôtisseurs et de la fumée succulente qui s'en exhale. On dit que les Limousins y viennent manger leur pain sec à l'odeur du rôt. » (Mercier)
On pouvait se procurer une pièce rôtie à toute heure du jour, tout au long de l'année, sauf au moment du carême.

« Habit de rôtisseur ».
Gravure anonyme.
© PMVP/Pierrain

P

« Le Marchand de paniers ». Gravure extraite de *Paris à travers les siècles* de Genouillac, vers 1880.
© Coll. Jonas/Kharbine-Tapabor

Panacher

Le panacher appartenait à la corporation des plumassiers. Il était chargé de la confection des panaches, bouquets de plumes ornant les casques des soldats, les chapeaux des courtisanes ou les coiffures des dames. « Ces bouquets, écrit Savary, ne se mettaient que d'un côté de la tête au-dessus de l'oreille et étaient relevés avec des aigrettes de héron. » Au XVIIe siècle, la mode en devint si fâcheuse qu'il n'était plus possible de voir aucun spectacle. Des rangées de plumes barraient continuellement le regard. Fort heureusement, la mode passa. Ce n'est pas pour autant qu'on pouvait se distraire aux spectacles, car « si ces Dames, observe Mercier, déposèrent leurs panaches, elles n'en continuèrent pas moins de caqueter comme des poules ! »

Paniers (marchand de)

Des paniers, il y en avait autrefois de toutes sortes. Au XVIIIe siècle, ceux dont se servaient les merciers pour emballer les marchandises, les épiciers leurs drogues et les chapeliers leurs chapeaux, s'appelaient des mannes et des mannettes. On désignait par inventaire ou éventaire, celui des regrattières et petites marchandes qui criaient leur marchandise dans les rues de Paris. Dans le négoce des fruits, on connaissait trois sortes de paniers : les cueilloirs, les noguets et les verveux. L'oublieux portait un corbillon. La torquette, le maniveau et le mannequin étaient requis pour le commerce du poisson frais.

Le marchand de paniers ambulant allait proposer ses paniers au cri de :
« Brins d'osier, brins d'osier
Courbez-vous assouplis sous les doigts du vannier ! »

Parapluies et parasols (loueur de)

Un marchand de parapluies rue Mouffetard devant l'église Saint-Médard à Paris. Photographie d'Eugène Atget, vers 1899.
© BHVP/Coll. Grob/Kharbine-Tapabor

Le Moyen Âge ne connut point les parapluies. On s'abritait des averses en revêtant une sorte de capuchon dit chape à plomb.
Au XVIIe siècle, Furetière décrit les avantages du parasol, « petit meuble portatif ou couverture ronde qu'on porte à la main pour défendre sa tête des grandes ardeurs du soleil. Il est suspendu au bout d'un bâton. On le plie ou on l'étend par le moyen de quelques côtés de baleines qui le soutiennent. Tous les Indiens et Orientaux ne marchent point sans parasol. Ils servent aussi pour se défendre de la pluie et quelqu'uns les appellent parapluies ». Le parasol était adopté, le parapluie suivit…
Le parasol était un signe de distinction, le parapluie un peu moins : « Ceux qui ne veulent pas se confondre avec le vulgaire aiment beaucoup mieux courir les risques de se mouiller que d'être regardés dans les promenades comme des gens qui vont à pied car le parapluie est la marque sûre qu'on n'a pas d'équipage. » (Caracciolo) Le loueur de parapluies et de parasols avait de beaux jours devant lui…
En 1769, autorisation fut donnée de louer des parasols durant l'été. Les loueurs s'installèrent sur les ponts de la Tournelle, du Carrousel, le Pont-Neuf et le Pont-Royal. On instaura même un service de location de para-

pluies pour la nuit ! Afin de garantir la sécurité de tous, le lieutenant général de police ordonna « que ces gagne-deniers porteront une petite lanterne, sur la porte de laquelle sera découpé le même numéro de parapluie, non pour servir de falot, les lanternes à réverbères étant plus que suffisantes, mais pour servir à reconnaître le porteur de parapluie et recevoir son paiement. »

Passeur de ruisseau

Les rues de Paris, même celles qui eurent le privilège d'être pavées dès le Moyen Âge, ne ressemblaient guère à ce que nous connaissons aujourd'hui. Jusqu'à la fin du XVIIIe siècle, les trottoirs n'existaient pas. Chaque rue était traversée de ruisseaux et à la moindre averse, les gouttières des maisons déversaient des torrents sur le pavé, rendant la circulation très délicate. Quelques esprits astucieux tirèrent parti de la situation.

« Le Passage d'un ruisseau par un temps d'orage ». D'après Garnier, XVIIIe siècle.
© Coll. Alain Chevallier/ Photo J.-M. Drouet

Le passeur de ruisseau entra en scène : « Un large ruisseau enflé par les gouttières se présente, un décrotteur fait sortir d'une longue allée un pont à roulettes, l'homme en perruque passe sur ce pont chancelant, glisse, trébuche, se relève tout mouillé, se sauve et le décrotteur court après lui, réclamant encore trois deniers pour le passage. Ce pont mobile est enlevé chaque fois qu'il passe une voiture. Malheur à celui qui le franchit d'un pas lent ! On l'entraîne, lui et le pont, et il est

fort heureux, quand les pieds des chevaux n'ont fait que l'arroser des jambes à la tête. » (Mercier)
Voilà un spectacle pour les curieux penchés à leur fenêtre, mais un maigre rapport pour le passeur fréquemment aux prises avec les resquilleurs d'un liard qui disparaissaient en courant sans avoir payé leur dû.

Pâtés (marchand de)

Le marchand de pâtés officiait aux alentours de la place Maubert, quartier populaire depuis toujours. À l'heure du déjeuner une nuée de petits apprentis et ouvriers se bousculaient autour de sa voiture et, pour quelques sous, se régalaient d'un pâté chaud avant de regagner leurs ateliers.

« Et moi, pour un tas de frians,
Pour Gautier, Guillaume
ou Michaut,
Tous les matins je vais criant :
Eschaudés, gasteaux, pastés
chauds ! »

« Petits pâtés tout chauds ! »
D'après Bouchardon, XVIIIe siècle.
© Coll. Alain Chevallier/Photo J.-M. Drouet

Paumier (ou raquetier, faiseur de pelotes)

Celui qui fait des raquettes et des balles et qui tient le jeu de paume. Au XIIIe siècle, on connaissait déjà ce jeu pratiqué dans plusieurs dizaines d'établissements à Paris. Certains étaient ouverts à tous, d'autres appartenaient à la royauté. C'était le sport favori des rois de France et des courtisans. « Le jeu de paume est l'un des plus honnestes, dignes et salubres exercices que les princes, grands seigneurs, gentilhommes et autres notables personnages peuvent prétendre. » (*Dictionnaire universel de commerce*)

Dans la salle de jeu, Louis XIV était suivi d'un paumier porte-raquettes dont la charge consistait à présenter sa raquette au roi (la raquette uniquement, car un autre officier se chargeait de la balle !)

« La pelote ou peloton, lit-on encore dans le *Dictionnaire universel de commerce*, doit être bien ronde, faite de morceaux de rognures de draps, avec une bande de toile seulement, serrée bien ferme avec une bonne ficelle. »

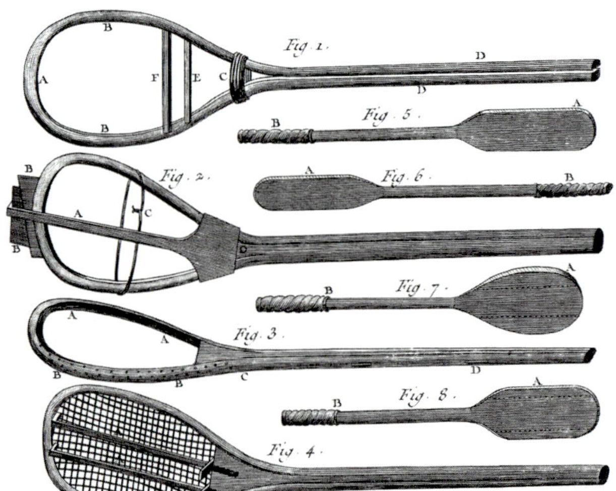

« Construction de la raquette ». Gravure de Bénard extraite de l'*Encyclopédie* de Diderot et d'Alembert, 1762-1763.
© PMVP/Pierrain

Quant à la raquette, ou ramonette, c'était une manière de palette munie d'un treillis de cordes en boyaux.
En fin d'étude, le chef-d'œuvre commandé à l'aspirant maître paumier était assez particulier. On lui demandait, après trois années passées comme apprenti et trois autres comme compagnon, de jouer et de gagner un nombre déterminé de parties contre les deux plus jeunes maîtres paumiers !

Paveur

« Ha ! Et personne ne cède le haut du pavé ! Quoi faire d'autre, à vrai dire et selon la meilleure POLITESSE quand le haut du pavé est tout em… ? » (Sterne)
On commença à paver quelques rues autour du Grand Châtelet sous Philippe Auguste. Le pavé, nommé carreau par les paveurs (d'où l'expression « rester sur le carreau ») provenait des environs de Fontainebleau, de

Paveurs au travail. Photographie d'Eugène Atget, vers 1900.
© Coll. Alain Chevallier

Palaiseau ou d'Orsay. L'usage des trottoirs, venu de Londres, fit son apparition quelques années à peine avant la Révolution.
Jusqu'alors, la rue n'était guère praticable sans éclaboussures. Seuls demeuraient propres les gens de condition à qui l'on cédait le haut du pavé, c'est-à-dire la partie la plus proche des maisons.
Mercier, tout en décrivant ces premiers trottoirs, s'étonne que l'on n'en ait pas encore installé aux abords de la capitale. Les chemins empruntés par la foule de petits marchands venus à pied de la campagne étaient incroyablement bourbeux.

« Dans les mauvais temps, les chemins à côté de la grande route pavée ne sont pas praticables. Si l'on marche sur la chaussée, l'on risque d'être écrasé, on est donc réduit à cheminer sur la terre fangeuse et glissante : l'homme qui porte des fardeaux tombe et se blesse. Il est surtout un mur funeste qui règne depuis la barrière Saint-Denis jusqu'à La Chapelle. Toutes les hottes à denrées arrivent par là : plusieurs femmes s'y sont cassé bras et jambes, et cela n'arrive que trop fréquemment. »

Paveurs rue de la Glacière, 13e.
Photographie d'Eugène Atget, vers 1900.
© Coll. BHVP/Coll. Grob/Kharbine-Tapabor

Peignier

« Le peigne, explique Furetière, est un petit instrument qui sert à décrasser et à nettoyer la tête. »

On les faisait de multiples façons, d'un morceau de bois, de corne, de feuilles d'écailles de tortue des Antilles ou de dent d'éléphant. Les statuts régissant la corporation depuis le XVIe siècle stipulaient que les seules matières autorisées devaient être de qualité noble. Un matériau de deuxième catégorie tel le bois blanc ne pouvait convenir.

Au XVIIIe siècle, les peigniers de Paris et de Rouen fabriquaient les peignes les plus réputés du royaume. Ils fournissaient à leurs clients miroirs, rasoirs et ciseaux pour la barbe.

Les peignes se vendaient aussi dans les rues. Des vendeurs à la sauvette les proposaient au cri de :

« Pignes de bouy, la mort aux poux,
C'est la santé de la tête ! »

« Habit de peignier ». Gravure anonyme.
© PMVP/Degraces

Perruquier

Louis XIII perdit ses cheveux à trente ans et inaugura le port de la perruque. Certes, l'usage des faux cheveux pour les vieillards était connu des classes privilégiées, mais un jeune noble aurait eu honte de porter perruque.

La nouvelle coiffe royale les incita à se dissimuler le crâne dans une forêt de cheveux artificiels.

Louis XIV possédait une perruque différente pour chaque occupation de la journée, et la mode perdura sous Louis XV.

Pendant le règne de Louis XVI, toute la société – enfants, adultes, artisans, laquais ou princes du sang – portait perruque. D'après Mercier, « la rage de la frisure a gagné tous les états : garçons de boutique, clercs de procureurs et de notaires, domestiques, cuisiniers, marmitons, tous versent à grands flots de la poudre sur leur tête, tous y ajoutent des toupets pointus, des boucles étagées, l'odeur des essences et des poudres ambrées vous saisit chez le mouchard du coin comme chez le petit maître élégant et retapé ». Les perruquiers pouvaient vivre heureux…

« Le Perruquier ». Eau-forte, par Dunker, 1787.
© Coll. Alain Chevallier/ Photo J.-M. Drouet

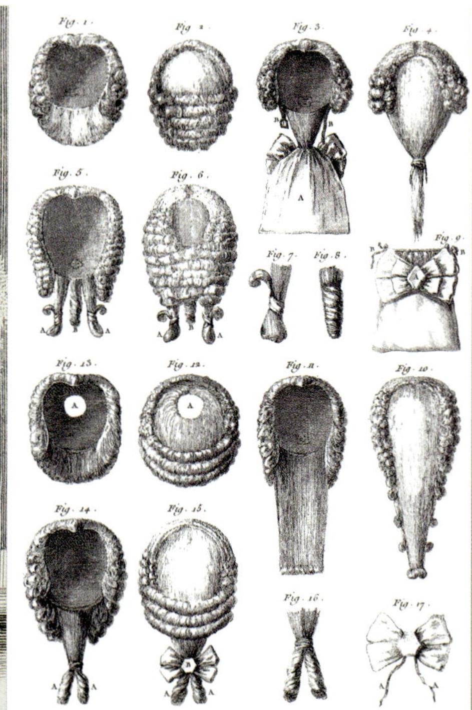

Perruques du XVIIe siècle. Gravure extraite de l'*Encyclopédie* de Diderot et d'Alembert, 1762-1763.
© Coll. Vau/Kharbine-Tapabor

Douze cents perruquiers, maîtrise érigée en charge, et qui tenaient leur privilège de Saint Louis, employaient environ six mille hommes. Deux mille chambellans pratiquaient en chambre, de façon clandestine, le même métier. Enfin, six mille laquais s'improvisaient perruquiers auprès de leur maître (d'après Mercier).

La poudre à perruque était un amidon vendu à prix d'or. La poudre à l'esprit-de-vin, plus légère, faisait « un certain petit cri lorsqu'on la pressait avec les doigts ». Les parfumeurs assuraient détenir un extraordinaire secret de fabrication. En réalité, suivant le *Dictionnaire des arts et métiers*, il ne s'agissait que d'un amidon réduit en poudre dans les mortiers et passé au travers d'un tamis de soie très serré, humecté d'un peu d'esprit-de-vin.

Les boutiques de perruquiers n'étaient pas renommées pour leur hygiène : « Imaginez tout ce que la malpropreté peut assembler de plus sale [...], l'eau de savon a rongé et déchaussé le pavé. Le plancher et les solives sont imprégnés d'une poudre épaisse. » (Mercier)

La Révolution sonna le glas des perruques. « Tête à perruque » qualifia désormais les vieillards obstinés qui conservaient l'habitude des faux cheveux et plus généralement toute personne démodée et vieillotte.

Plumassier

« La belle plume fait le bel oiseau. » (Furetière)

« À certaines époques, on voyait déambuler dans les rues avoisinant les boulevards de Montmartre et Poissonnière, de grandes boîtes noires, entassées les unes sur les autres, liées d'une courroie et portées à dos d'homme. » (Calmettes) Ces mystérieuses boîtes renfermaient de véritables trésors sous forme de... plumes d'oiseaux. Les porteurs, appelés placiers, les proposaient aux modistes parisiennes.

Au Moyen Âge, on aimait décorer les chapeaux de plumes de paon. Au XIVe siècle, les plumes d'autruche furent à l'honneur et le restèrent fort longtemps. Elles venaient d'Alger, de Damas ou de Tunis où l'on élevait

des troupeaux entiers pour embellir les parures des élégants. Les plumes les plus chères étaient celles du héron.
Le terme de plumet s'employait au XVIIe siècle pour désigner un élégant à la pointe de la mode. « Plumassiers-panachers-bouquetiers-enjoliveurs » appelait-on les maîtres à la fin du XVIIIe siècle. Ils ne créaient pas uniquement des parures de salon. Les extraordinaires panaches des casques militaires sortaient aussi de leurs ateliers.

Un atelier de plumassiers. Gravure de Bénard extraite de l'*Encyclopédie* de Diderot et d'Alembert, 1762-1763.
© PMVP/Degraces

Poires cuites (marchand de)

Favori des écoliers et des collégiens, ce petit marchand ambulant a traversé les siècles. Sa gouaille et son sens du commerce lui valurent un grand succès auprès des Parisiens. Sous le règne de Louis XV, alors que la France combattait l'Angleterre, le marchand de poires cuites s'égosillait en criant : « À trois pour un liard les Anglaises ! » La poire était le fruit dont on dénombrait le plus de variétés : muscadille, certeau, bon-chrétien, doyenne, rousselet, blanquette, livre, beurré, martin sec…
Le marchand de poires cuites vendait parfois des poires tapées. Voici la recette que nous propose le *Dictionnaire portatif de cuisine* : « Il faut prendre de bonnes poires, de celles qui ont une eau sucrée, que l'on met sur des claies, pour les faire sécher au four, quand elles sont à demi-sèches, on les aplatit avec la main et on les remet au four pour achever de les sécher. On les conserve de cette façon très longtemps et elles sont propres à transporter au loin. »

« Poires cuites au four ». Lithographie de Carle Vernet, vers 1820.
© Coll. Debuissson/ Photo J.-C. Doër

Pois (vendeur de)

Pendant longtemps, l'apport en protéines se fit grâce aux légumes secs, la viande et le poisson étant beaucoup trop chers pour la plupart des Parisiens. On trouvait donc au coin des rues des vendeurs qui proposaient de nombreuses variétés de légumes secs, dont la plupart ont aujourd'hui disparu. Ils vendaient leur marchandise au cri de :

« Venez voir, j'aye de beaux pois gris
J'en aye de verts pour le caresme
Qui sont aussi doux que la cresme,
Si vous en voulez au cû noir
J'aye les plus beaux qu'on puisse voir. »

Porte-coton

Sous le joli nom de porte-coton se cache un extravagant métier de l'Ancien Régime, qui pourtant n'en manquait guère. Le porte-coton, encore appelé porte-chaise ou porte-chaise d'affaires, était un gentilhomme de la cour qui payait 60 000 écus pour avoir la charge et le privilège d'assister le roi… dans ses besognes intimes. Cette charge, il est vrai, rapportait au moins 600 livres de gages par an et donnait droit à tous les avantages des officiers de la couronne.

Les latrines publiques étaient inexistantes au XVIIe siècle. Et Versailles, que nos livres de classe nous décrivent comme un palais de merveilles et de splendeurs, était en réalité un horrible cloaque. Il n'était pas de recoin qui ne servît à se soulager, pas d'escalier sous la rampe duquel les valets ne vinssent déverser leur pot de chambre. Tout cela se passait au vu et au su de tout le monde, et le roi lui-même n'était jamais seul dans ces moments-là. Ce qui fit dire un jour au bouffon de Louis XIII :

« Sire, il y a deux choses dans votre métier dont je ne pourrais m'accommoder.

— Hé quoi ? lui demanda son souverain.

— De manger seul et de chier en compagnie. »
Le porte-coton était donc chargé d'aider le roi à se soulager le bas-ventre et il faisait avec lui « tout ce qu'il était possible de faire à l'exception de ce qu'il n'était pas possible de faire pour autrui ».

Portefaix

« Nous avons au coin des rues des Hercules et des Milons de Crotone, pour emménager ou déménager nos meubles, et porter les fardeaux du commerce. Vous les appelez d'un signe, et ils sont à vous avec leurs crochets ; appuyés sur des bornes, ils attendent qu'on leur donne de l'emploi. Vous croiriez que ces hommes ont une taille au-dessus de la commune, des couleurs vermeilles, des jambes fortes et de l'embonpoint ; non ils sont pâles, trapus, plutôt maigres que gras ; ils boivent beaucoup plus qu'ils ne mangent. » (Mercier)
Ces portefaix opéraient de la façon la plus délicate : ils utilisaient de longs brancards et savaient entasser la vaisselle sans jamais la choquer ni la briser.

Un commissionnaire rue de Candolle, 5e. Photographie d'Eugène Atget, 1899.
© BHVP/Coll. Grob/Kharbine-Tapabor

Porteur d'eau

« Qui veut de l'eau ? À chacun duict.
C'est un des quatre éléments.
Nul ne s'en passe pour le jourd'hui
Croyez-moi car point je n'en mens. »

Écoutons ce que Mercier disait des besoins en eau de ses concitoyens : « Quand on dit en Suisse où les fontaines publiques, abondantes et commodes, sont multipliées jusque dans le moindre village, qu'on vend l'eau à Paris, que le robinet des fontaines est à sec la moitié de l'année, que les chevaux sont obligés, pour boire, d'aller à la rivière, que l'on ne voit jaillir l'eau que dans les sales bassins de quelques promenades, on se prend à rire et l'on hausse les épaules d'étonnement et de pitié. »
Pauvres Parisiens obligés de payer chaque jour pour un peu d'eau tirée de la Seine, et quelle eau ! « Quand la rivière est trouble, on boit l'eau

Le dernier porteur d'eau de Paris rue Saint-Vincent, 18ᵉ. Carte postale, vers 1910.
© Coll. Alain Chevallier

trouble, on ne sait trop ce qu'on avale, mais on avale toujours. L'eau de la Seine relâche l'estomac pour quiconque n'y est pas accoutumé. Les étrangers ne manquent jamais l'incommodité d'une petite diarrhée. » (Mercier)
Lorsque Paris ne s'étendait encore que sur l'île de la Cité, puiser de l'eau était chose facile. Il suffisait de descendre sur la grève, au bas de sa maison. Quand la ville s'agrandit, il devint moins aisé de s'alimenter en eau dans les quartiers plus éloignés des quais. Alors apparurent les porteurs d'eau. Le métier fut déclaré franc : aucune corporation ne le régissait.
Au XVIIIe siècle, Mercier estime à vingt mille le nombre de porteurs d'eau dans Paris, qui « du matin au soir, montent deux seaux pleins, depuis le premier jusqu'au septième étage, et quelquefois par-delà, la voie d'eau coûte six liards ou deux sols, quand le porteur est robuste, il fait environ trente voyages par jour ».
Le métier était rude ; on buvait force eau-de-vie pour se donner du cœur à l'ouvrage, et on se querellait copieusement entre collègues ou avec les servantes et les ménagères, à qui l'on barrait l'accès aux trop rares fontaines.
Le porteur à tonneaux puisait l'eau dans la Seine, qu'on n'avait pas encore endiguée et dont les abords se pratiquaient facilement.
La multiplication des fontaines au XIXe siècle fut fatale à ce métier.

Porteur de bains

« À l'époque, il régnait dans les villes une puanteur à peine imaginable pour les modernes que nous sommes. Les rues puaient le fumier, les arrière-cours puaient l'urine, les cages d'escalier puaient le bois moisi et la crotte de rat [...]. Et c'est naturellement à Paris que la puanteur était la plus grande, car Paris était la plus grande ville de France. »
Le romancier Patrick Süskind rappelle opportunément que la propreté n'était pas la caractéristique majeure du XVIIIe siècle, fort éloigné de la Rome antique où Publius Victor dénombrait près de 856 bains publics. À Paris, si l'on se parfumait beaucoup, on se lavait rarement. Ce n'était pas

seulement une question de condition ou d'aisance matérielle : la société dans son ensemble répugnait à ces manières inutiles. On disait alors d'un homme, comme d'un fromage, qu'il avait du « caractère », ce qui signifiait qu'il sentait fort et que son commerce n'en était que plus agréable !
Ce sont les bourgeois qui introduisirent les premiers l'obligation du bain. Comme il n'y avait pas d'eau courante, ils faisaient appel à un porteur de bains, homme robuste qui, avec un comparse, hissait jusqu'aux logements particuliers une énorme baignoire en métal ou en bois et un gigantesque alambic contenant l'eau chaude. La scène du porteur de bains, ahanant sous le poids de son chargement, attirait une foule de badauds et de moqueurs qui tous se gaussaient de ces bourgeois qui croyaient se « laver l'âme en se frottant le cul ». (Cock)
Les porteurs de bains disparurent avec la multiplication des bains publics et l'apparition de l'eau courante.

« Service des bains de Neuilly : livraison d'une baignoire vers 1900 ». Photographie anonyme.
© Coll. S. Kakou/Kharbine-Tapabor

Porteuse de pain

La porteuse de pain fut, au début du XXe siècle, une des figures les plus familières de la capitale. Elle allait d'un immeuble au suivant, d'un quartier à l'autre, n'hésitant pas à gravir sept étages pour livrer son pain ou sa brioche. Une bonne odeur de pain chaud la précédait. « Elle sait par cœur les goûts de chacun, écrit Uzanne. Celui-ci ne veut que du pain boulot, celle-ci préfère le polka ; la petite dame du troisième ne tolère que le fendu ; le vieux monsieur de l'entresol réclame du riche ; tel autre, diabétique, des flûtes sans mie ; l'étranger du premier déjeune avec du "viennois" ; au savant du sixième, il faut du seigle, espérance libératrice de viscères paresseux ; à tel autre du pain complet selon la méthode Kneipp. [...] Elle dépose ses pains contre les portes des appartements, dans un bout de papier bulle ; tant pis si des chats ou des chiens de passage les flairent et lèvent la patte obliquement dessus. »

Une porteuse de pain devant la boulangerie Breton, 1, rue Lallier dans le 9e. Carte postale, vers 1905.
© Coll. Alain Chevallier

Pourpointier

« Nos pères sur ce point étaient gens bien sensés,
Qui disaient qu'une femme en sait toujours assez
Quand la capacité de son esprit se hausse
À connaître un pourpoint d'avec un haut-de-chausse. » (Molière)

Le pourpoint fut un vêtement en vogue dès la fin du XIIIe siècle. Lacé devant, il serrait le buste et faisait la taille élancée aux hommes. On le taillait à grandes ou à petites basques. Tout gentilhomme possédait un ou plusieurs pourpoints selon sa richesse. Les duellistes, nous dit Furetière, mettaient pourpoint bas pour montrer qu'ils se battaient sans supercherie. La profession de maître pourpointier prospéra de la fin du XIIIe au XVIIe siècle. On réunit tailleurs et pourpointiers en 1655. Les deux communautés se cherchaient chicane depuis fort longtemps.

Un atelier de tailleurs d'habits. Gravure de Bénard extraite de l'*Encyclopédie* de Diderot et d'Alembert, 1762-1763.
© PMVP/Degraces

Professeur de cris

Les cris de Paris – ou plus exactement les hurlements, comme en témoignent les observateurs – étaient restés les mêmes depuis le XVIe siècle. Imbert, dans *Les Trappeurs parisiens*, cite cet étonnant professeur qui enseignait l'art de crier par les rues. Il recevait chez lui. Armé d'un mauvais violon, il apprenait aux nouveaux vendeurs à moduler les « Pois verts au boisseau ! » ou « Cresson de fontaine... pour la santé du corps ! », « Harengs qui glacent, qui glacent », « Il arrive, le maquereau, il arrive ». Ce professeur de cris était si célèbre qu'on venait parfois du fond de la province pour apprendre à crier auprès de lui.

« Le Conservatoire des Cris de Paris ». Gravure extraite des *Parias de Paris*, de Raoul de Navery.
© Coll. Alain Chevallier/ Photo J.-M. Drouet

Poulailler

Négociants en volaille, les poulaillers approvisionnaient la capitale. Au XVIIIe siècle, le grand marché à la volaille avait lieu quai des Grands-Augustins, alors nommé quai de la Vallée.
Deux fois la semaine, ils arrivaient des routes du Maine ou de Normandie dans des voitures à cheval. Poules, chapons, dindons, oies, canards, oisons faisaient les délices des Parisiens, qui les achetaient préparés ou vivants.

« Le Marché aux volailles ». Gravure de Maurand, d'après le tableau de Victor-Gabriel Gilbert, 1878.
© PMVP/Briant

Q

Quatre-saisons (marchande des)

La plus célèbre d'entre elles fut… un homme, le dénommé Crainquebille, immortalisé par Anatole France. Crainquebille était un modeste marchand des quatre-saisons condamné à la prison pour avoir crié « Mort aux vaches ! » à des sergents de ville. Cette peine de prison, d'ailleurs fort courte, lui fit perdre à jamais sa clientèle. Il n'eut alors d'autre recours que d'essayer d'être à nouveau emprisonné pour survivre. Mais l'administration le refoula et, quelque injure qu'il proférât, il demeura seul sur le pavé, sans son chariot, saisi par la maréchaussée.
Les marchandes des quatre-saisons étaient souvent des matrones, au verbe haut, qui apostrophaient tous ceux qui passaient à portée de jurons. Elles vendaient, à poste fixe ou en colportant dans les rues, des fruits et des légumes achetés aux maraîchers de banlieue. Elles attiraient les clients en frappant avec un maillet sur un cylindre de bois accroché à leur ceinture. Ce commerce survit aujourd'hui à de rares emplacements, rue Montorgueil ou rue Cler, mais les marchandes ont perdu leur gouaille d'antan.

« Ma chicorée frisée,
la laitue pommée,
la romaine, des mâches
et céleris, épinards
nouveaux, mes beaux
salsifis. »

R

Raccommodeur

Autrefois, comme les produits fabriqués étaient rares et précieux, on les léguait de génération en génération et la plupart étaient consignés sur les testaments. Les ustensiles de cuisine, notamment, faisaient l'objet d'un inventaire détaillé. Ils étaient souvent l'unique bien d'une famille et leur transmission était à l'origine de nombreux litiges. C'est pourquoi il était de la plus grande importance de ne pas briser les objets et si par malheur cela se produisait, on faisait appel à un raccommodeur. Il en existait pour tous les matériaux. Raccommodeur de vêtements, de dentelles, de fourrures, de verre, de bois… Ce petit métier, désigné parfois sous le nom de gagne-néant, était pratiqué par des travailleurs ambulants qui se postaient au coin des rues ou dans la cour des immeubles et s'annonçaient au cri de « Raccommodeur, raccommodeur ».

À gauche : Un raccommodeur de paniers. Carte postale, 1908.
© Boyer/Roger-Viollet

Raccommodeur de faïence et de porcelaine. Carte postale, vers 1900.
© Coll. Alain Chevallier

ATISSERIE

La marchande des quatre-saisons. Carte postale, vers 1905.
© Coll. Alain Chevallier

« Ramasseur de crottes ». **Bois gravé par Jacques Beltrand, extrait des** *Petits Métiers des rues de Paris,* **de Tristan Klingsor, 1904.**
© Coll. Alain Chevallier/ Photo J.-M. Drouet

Ramasseur de crottes

À la fin du XIXe siècle, les mégissiers des Gobelins traitaient avec un fournisseur de crottes ! On s'était aperçu que les déjections d'animaux carnivores contenaient un acide rongeant la graisse adhérant aux peaux. Celles-ci devenaient plus souples et plus blanches après avoir macéré dans un bain spécial. Il fallait donc s'approvisionner régulièrement.

Cette nouvelle spécialité attira une foule de gagne-misère. La plupart ne firent que passer. Le métier demandait grande souplesse de l'échine et acuité visuelle sans faille.

Chacun avait sa spécialité et son « truc ». Certains ramasseurs opéraient dans les jardins publics, d'autres, courbés sur les trottoirs, travaillaient exclusivement dans les rues.

Une bonne journée de travail ramenait dix kilos de crottes de chiens. Dix kilos nettoyaient mille douzaines de peaux de mouton, soit la production annuelle d'un mégissier. Il n'y avait pas là matière à s'enrichir !

Quelques ramasseurs avaient limité leur champ d'investigation au Jardin d'Acclimatation. En accord avec les soigneurs, ils récupéraient les excréments des lions, pumas et panthères. Les crottes de fauves faisaient merveille pour traiter les peaux de chèvres de la Plata, particulièrement dures « et dont la graisse a une consistance cornée ». Quant à ceux qui possédaient leurs entrées privilégiées à la fourrière avec libre accès aux excréments des pensionnaires, ils étaient considérés comme les aristocrates de la profession.

Ramoneur

« Ramonez-y, ramonez là
La cheminée du haut en bas. »
Au Moyen Âge, on nettoyait les immenses cheminées des maisons en introduisant des fagots au bout d'une corde que l'on tirait de haut en bas.
Avec le XVIIe siècle vint la mode des petites cheminées, dont il fallait nettoyer régulièrement les tuyaux étroits.
Les Parisiens firent plus souvent appel aux ramoneurs. C'étaient traditionnellement de très jeunes Savoyards montés à Paris.
« Il est bien cruel de voir un pauvre enfant de huit ans, les yeux bandés et la tête couverte d'un sac, monter des genoux et du dos dans une cheminée étroite et haute de cinquante pieds ; ne pouvoir respirer qu'au sommet périlleux ; redescendre comme il est monté, au risque de se rompre le col, pour peu que la vétusté du plâtre forme un vide sous son frêle point d'appui ; et la bouche remplie de suie, étouffant presque, les paupières chargées, vous demander cinq sols, pour prix de son danger et de ses peines. C'est ainsi que se ramonent toutes les cheminées de Paris ; et des régisseurs n'ont enrégimenté ces petits malheureux, que pour gagner encore sur leur médiocre salaire. » (Mercier)
Pour augmenter leur revenu, ils se faisaient parfois chanteurs à la vielle, montreurs de marmotte, se mêlaient de vendre de menues merceries ou des statuettes.

Ramoneurs.
Carte postale, vers 1900.
© Coll. Kharbine-Tapabor

Ravitailleur de laboratoire

Voilà un personnage fort original du XIXe siècle présenté par Imbert dans *Les Trappeurs parisiens*. Il fournissait les souris aux laboratoires du Muséum d'histoire naturelle, portait des insectes vivants au Jardin des Plantes pour nourrir les oiseaux et les reptiles du zoo, ou vendait des vers de terre aux boutiques d'articles de pêche. Une ou deux fois la semaine, le ravitailleur partait dans la campagne avoisinante. Il couchait à la belle étoile et revenait le lendemain, les poches lourdes de hannetons, de sauterelles ou de grenouilles. Le profit était maigre, mais il menait une vie de grande liberté, ce qui, pour certains, était un trésor inestimable.
Le ravitailleur connut une période de fortune le jour où le ministère de l'Éducation nationale décida qu'on ne présenterait plus de planches coloriées aux cours d'histoire naturelle mais de véritables insectes et animaux. Il fallut fournir, en un temps record, des centaines d'animaux. Les chauves-souris étaient particulièrement demandées. Les ravitailleurs, fort nombreux pour l'occasion, les attrapaient dans l'enceinte des fortifications, et jusque dans les tours de Notre-Dame !

« La chasse aux chauves-souris ». Gravure extraite du *Bas du pavé parisien*, de Guy Tomel, 1894.
© Coll. Alain Chevallier/ Photo J.-M. Drouet

« La Pêche aux dyptiques ». Gravure extraite du *Bas du pavé parisien*, de Guy Tomel, 1894.
© Coll. Alain Chevallier Photo J.-M. Drouet

Recommanderesse

La recommanderesse exerça à Paris tout au long du Moyen Âge. Furetière la présente ainsi : « Femme qui a des lettres portant permission de tenir une boutique, une espèce de bureau d'adresses, où on va chercher des servantes et des nourrices. Les paysannes qui n'ont point de connaissance s'adressent aux recommanderesses pour trouver condition ou des nourrissons. »
En 1628, on créa un bureau de domestiques ; les femmes venues se placer étaient hébergées par le bureau et examinées par un médecin qui goûtait leur lait et leur conférait autorisation d'exercer.
Les nouveaux parents passaient dans la « salle de location » et choisissaient leur nourrice. Le meneur les ramenait ensuite en convoi avec les nourrissons chez elles, où elles étaient placées sous la surveillance du curé du village et de la police. Le bureau des recommanderesses se chargeait de donner des nouvelles aux familles et d'envoyer l'argent. En cas de défaut de paiement, ce qui arrivait fréquemment, la contrainte par corps existait pour les chefs de famille.
La recommanderesse se payait en prélevant une partie de l'argent donné pour les nourrices.

« À la porte d'un bureau de nourrices ».
Gravure de Miranda.
© PMVP/Joffre

Regrattier

Il s'agissait d'un marchand autorisé à vendre divers produits en petite quantité. Le regrattier faisait négoce de légumes, de fruits, de beurre, d'œufs, de fromages, de charbon, de sel… Les clients étaient eux-mêmes de pauvres gens ne disposant pas de revenus suffisants pour acheter en quantités importantes et réalisant de ce fait leurs achats à très mauvais compte. Mercier soulignait l'absurdité d'une telle situation : « Tout augmente d'un tiers au moins pour cette classe infortunée qui est obligée d'avoir recours à de petits marchands qui revendent en détail ce qu'ils ont déjà acheté en détail. Ainsi le cordonnier, le maçon, le tailleur, le portefaix, le journalier, etc. paient le vin, le bois, le beurre, le charbon, les œufs à un bien plus haut prix que le duc d'Orléans et le prince de Condé. Ce n'est point là assurément le chef-d'œuvre de la société. »

« Une marchande d'œufs : à trois de six blancs, les rouges et les blancs ». Gravure anonyme.
© PMVP/Briant

Réveilleuse

Avant l'invention du réveille-matin, comment faisaient les forts des Halles, marchandes de verdure, porteurs ou crieurs d'eau-de-vie pour se lever tôt, vers deux ou trois heures du matin ? Ils demandaient à la réveilleuse de venir toquer à leur porte à l'heure voulue. Ce petit métier, relevé par Castelnau, subsista jusqu'au début du XXe siècle. La réveilleuse parcourait ainsi de nombreux quartiers de Paris, frappant chez les uns pour les tirer de leurs rêves, secouant les autres pour les dégriser de leur beuverie de la veille... Il ne fallait oublier personne et surtout arriver à l'heure. Ce curieux métier était parfois exercé par des concierges qui entamaient ensuite normalement leur journée de travail.

« État de millionnaire : 2 sous par tête de réveillé, et 4 sous par voison qui veut ».
© PMVP/Ladet

Revendeuse à la toilette

Le *Dictionnaire universel de commerce* les présente ainsi : « On appelle à Paris revendeuses à la toilette certaines femmes dont le métier est d'aller dans les maisons revendre les hardes, nippes et bijoux dont on veut se défaire. Elles se mêlent aussi de vendre et débiter en cachette certaines marchandises de contrebande entrées en fraude comme étoffes des Indes, toiles peintes, dentelles de Flandre... »
La chose est clairement exprimée. La revendeuse à la toilette jouait les entremetteuses. Ne possédant rien en propre, elle vendait de tout à tous. Bas de soie, chevaux d'attelage, café, bois, nécessaire à farder, tout était bon pour tenter fortune. La réussite réclamait néanmoins quelques qualités : un caquet qui ne finisse point et néanmoins une discrétion à toute

épreuve, une mémoire qui ne confonde pas les objets, une patience, une santé qui résiste à tout.
« Il n'y a de ces femmes-là qu'à Paris. Elles font leur fortune en très peu de temps, et elles ne la doivent pas en entier à la vente de leurs marchandises. Les physionomies les plus rebutantes sont quelquefois celles qui ont le plus de vogue. Or, devinez pourquoi. »

Rivière (compagnon de)

On appelait ainsi ceux qui travaillaient sur les ponts à charger et décharger les marchandises, à les manier, les rouler, les ferrer. Ils étaient plus communément appelés forts.

« Des compagnons de rivière ». Gravure de J. Nyverd, 1528.
© BHVP/Coll. Grob/Kharbine-Tapabor

Rubanier

Le rubanier de fil et de soie du XVe siècle succéda au laceur de fil (XIIIe) et au dorlotier (XIVe siècle).

« Le ruban, explique Furetière, sert à nouer, lier et serrer quelque chose. Il sert aussi à orner les habits. On fait des rubans de fil, pour nouer des caleçons, des rubans de laine, de padoue pour border des habits, des rubans de soie pour faire des garnitures, des ceintures, des rubans d'or et d'argent pour des nœuds d'épée. Les Français aiment à porter de grosses touffes de rubans. »

L'esprit – ou le manque d'esprit – de la mode est éternel. À Paris, on estimait plus que tout les rubans d'Angleterre tandis qu'à Londres rien n'égalait ceux de Paris.

Le XVIIe siècle consacra les rubaniers. On se prit d'une frénétique passion pour les rubans. Les élégants en mettaient sur les épaules, dans les bottes, aux genoux, aux poignets, sur le ventre, à la taille... À cette époque, les hommes portaient autant rubans et dentelles que les femmes. La béatitude d'un maître-rubanier du temps de Molière se comprend aisément.

« Ils avont itou d'autres petits rabats au bout des bras, et de grands entonnois de passement aux jambes et, parmi tout ça, tant de rubans, tant de rubans que c'est une vraie piquié. Ignia pas jusqu'aux souliers qui n'en soyont farcis tout depis un bout jusqu'à l'autre. » (*Don Juan*)

« Á la flotte, à la flotte mes beaux rubans ». Gravure de Michel Poisson, XVIIIe siècle.
© Coll. Jonas/Kharbine-Tapabor

S

Sangsues (loueuse de)

Il fallait être dans la dernière nécessité pour accepter cette besogne dégradante et dangereuse. Les loueuses (il n'y avait pas d'hommes) allaient sur les berges de la Seine, aux endroits marécageux où elles savaient trouver des sangsues. La Seine n'était pas encore endiguée et les marais étaient nombreux. Les loueuses retroussaient leurs hardes et s'enfonçaient dans l'eau jusqu'à mi-cuisses. Là, elles attendaient que les sangsues s'agglutinent sur leurs mollets ou leurs cuisses. Il fallait savoir se retirer à temps. Si la loueuse sortait trop tôt de l'eau, les sangsues se décrochaient ; si elle tardait trop, les sangsues pompaient tant de sang que la malheureuse risquait l'évanouissement et la noyade. Les accidents n'étaient d'ailleurs pas rares. Une fois sur la berge, une grêle de bubons noirs sur chaque jambe, il restait à les décrocher soigneusement en se frottant les jambes avec du gros sel ou du jus de tabac. Les sangsues étaient alors enfermées dans une jatte. La loueuse s'en allait les vendre aux apothicaires, qui les utilisaient pour purger et soigner les malades ou pour préparer drogues et onguents.
Il existait deux espèces de sangsues : les grosses, fort recherchées, et les petites, plus résistantes mais moins efficaces. Comme il se doit, les premières étaient d'un meilleur rapport et incitaient les loueuses à user d'un subterfuge. Lorsqu'elles ne pêchaient que des petites sangsues, elles gavaient leurs bestioles de sang frais, chez l'équarrisseur, puis s'efforçaient de convaincre l'apothicaire que ces sangsues énormes mais curieusement anorexiques étaient bien de premier choix !
Ce métier disparut progressivement, vaincu par l'usage des saignées et les progrès de la médecine.

Savetier (ou carreleur de souliers, sueur de vieil)

C'est un métier fort ancien, remontant au Moyen Âge. Au XVIIe siècle, on dénombrait mille cinq cents savetiers à Paris. Le cordonnier était considéré comme l'aristocrate de la chaussure, alors que le savetier n'en était que l'humble ouvrier. Pour quelques piécettes, il cousait les vieux souliers, rajoutait un bout de cuir ou changeait semelles et empeignes.

« Ce vil poisseur de fil gros, ce chevalier de la courte lance, ce graveur, ce tisserand, ce lapidaire en cuir, ce bijoutier sur le genou, ce tire-ligneul, ce Monsieur La Poix cu-cousu ou cu-collé
Chante et boit soir et matin
Nulle affaire ne l'importune
Il se moque de l'infortune
Et il se rit de tout le quartier. »
(Le Fleuriste du Parnasse)

Le métier demeurait ingrat, mais la réputation de joyeux drille du savetier faisait de son échoppe le rendez-vous des bavards du quartier. C'est là que s'échangeaient les nouvelles et les potins. Un merle siffleur ou parfois une pie l'accompagnait de ses trilles, suspendu au mur dans une petite cage d'osier.

Un savetier. Carte postale, vers 1905.
© Coll. Alain Chevallier

« Les racoleurs guettaient le provincial jeune et naïf, bayant aux corneilles ». Gravure extraite de *Paris à travers les siècles,* de Genouillac, vers 1880.
© Coll. Kharbine-Tapabor

Sergent recruteur

« Au bas du Pont-Neuf sont les recruteurs, racoleurs, qu'on appelle vendeurs de chair humaine. Ils font des hommes pour les colonels qui les revendent au roi. Autrefois, ils avaient des fours où ils battaient, violentaient les jeunes gens qu'ils avaient surpris de force ou par adresse, afin de leur arracher un engagement. On a supprimé enfin cet abus monstrueux, mais on leur permet d'user de ruse et de supercherie pour enrôler la canaille. Ils se servent d'étranges moyens : ils ont des filles de corps de garde au moyen desquelles ils séduisent les jeunes gens qui ont un penchant au libertinage ; ensuite ils ont des cabarets où ils enivrent ceux qui aiment le vin, puis ils promènent les veilles de Mardi Gras de longues perches surchargées de dindons, de poulets, de cailles, de levreauts, afin d'exciter l'appétit de ceux qui ont échappé à celui de la luxure. Les pauvres dupes, qui sont à considérer la Samaritaine et son carillon, qui n'ont jamais eu un bon repas de toute leur vie, sont tentés d'en faire un et troquent leur liberté pour un jour heureux. On fait résonner à leurs oreilles un sac d'écus et on dit "Qui en veut ? Qui en veut ?" C'est de cette manière qu'on vient à bout de compléter une armée de héros qui feront la gloire de l'État et du monarque. Ces héros coûtent, en bas du Pont-Neuf, trente livres pièce : quand ils sont beaux hommes, on leur donne quelque chose en plus. Les fils d'artisans croient affliger beaucoup leur père et mère en s'engageant : les parents les dégagent quelquefois et rachètent cent écus l'homme qui n'en a coûté que dix. Cet argent tourne au profit du colonel et des officiers recruteurs. Ces recruteurs se promènent la tête haute, l'épée sur la hanche, appelant tout haut les jeunes gens qui passent, leur frappant sur l'épaule, les prenant sous le bras, les invitant à venir avec eux, d'une voix qu'ils tâchent de rendre mignarde. Le jeune homme se défend, les yeux baissés, la rougeur sur le front et avec une espèce de crainte et de pudeur, ce qui commande l'attention, la première fois qu'on est témoin de ce jeu singulier. »

« Pour enrôler la canaille, ils se servent d'étranges moyens : filles de corps de garde, ripailles ou cabarets. »

Souffleur

« À l'avant-scène, dans de vieux fauteuils, Fauchery et Bordenave discutaient, tandis que le souffleur, le père Cosard, un petit bossu, assis sur une chaise de paille, feuilletait le manuscrit, un crayon aux lèvres. » (Zola)
Le souffleur apparaît au XVIIe siècle. À cette époque, il était caché dans les coulisses et soufflait le texte dissimulé derrière un rideau. Au XVIIIe siècle, dans les théâtres à l'italienne, il disparaît dans la trappe de la fosse d'orchestre. C'est là qu'il connaîtra ses heures de gloire. Le souffleur n'avait généralement jamais fait de théâtre, mais il trouvait dans cet emploi un travail régulier et l'illusion de mener une carrière d'artiste.

Madame Bienfait, souffleuse au Théâtre de la Madeleine, 1944.
© LAPI/Roger-Viollet

Suisse

« Garde suisse du roi, en 1586. »
© Coll. Jonas/Kharbine-Tapabor

Si le suisse est au Canada un délicieux écureuil à rayures, il fut chez nous une sorte d'orang-outang de cinq pieds six pouces, chargé de jouer les concierges dans les églises et dans les lieux publics. C'est lui qui ouvrait et fermait les portes, chassait les chiens, rangeait les chaises et délogeait les clochards. « Les Suisses, en qualité de portiers, assistent aux assemblées publiques, aux séances académiques, aux concerts, aux salons de peinture, aux sermons courus, aux solennités de toute espèce ; mais ils sont insensibles à la musique, aux vers, aux discours, aux tableaux. Leur lourde physionomie ne paraît s'animer un peu qu'aux bals, lorsque le buffet est copieusement garni. Ils semblent tous porter écrit sur leurs fronts : nous n'aimons qu'à boire. » (Mercier)

Le suisse avait si peu de tête qu'on affichait dans les sacristies et dans les vestibules où il officiait le tableau de ses devoirs et de ses obligations. Il devait le lire et le relire sans cesse pour essayer de s'en pénétrer. Mais, au fond, sa tâche était simple : assurer le service d'ordre, chasser les importuns et parader lors des cérémonies. « Le Suisse de la Restauration, écrit La Bédollière, sortait de la vieille garde impériale ; celui de 1841 avait également appartenu à un corps d'élite, à la garde royale ou à la maison militaire de S. M. Charles X. Il passait brusquement de la vie mondaine, tumultueuse et déréglée d'un soldat, à l'existence paisible, dévote et presque contemplative d'un clerc. » Heureusement pour lui, le suisse n'avait pas tout perdu de son ancien prestige militaire ; il lui restait un uniforme, une magnifique livrée à rayures, une canne à pommeau d'argent, un bicorne galonné et même une hallebarde. Dans cet accoutrement, le suisse pouvait rester des heures à la même place, sans bouger un cil. L'emploi de suisse n'a pas survécu au XIXe siècle. Mais on trouve encore parfois, au-dessus des loges de concierge, ce petit écriteau : Parlez au suisse. »

T

Tabac (marchand de)

La vente du tabac fut très tôt réglementée. Pour avoir droit de débit, il fallait l'autorisation des fermiers généraux, seuls habilités à le vendre en gros. Le marchand achetait le tabac en rouleau, pour le rouler lui-même ou le vendre en carottes. Dès le XVIIe siècle, il fut à la mode de priser ou de chiquer. La pipe était du plus mauvais effet et rares étaient les gentilhommes qui osaient la porter à la bouche. En revanche, personne ne se départait de sa tabatière et les femmes comme les hommes prisaient de compagnie. « Le tabac est une chose horrible ; je suis furieuse quand je vois ici toutes les femmes avec le nez sale, comme si elles l'avaient plongé dans l'ordure ; elles mettent leurs doigts dans les tabatières de tous les hommes. » (Princesse Palatine)

Les marchands de tabac s'installaient dans de petites échoppes, très souvent autour du Palais-Royal, et vendaient le tabac roulé dans du papier marbré ou du papier de fantaisie.

« Le Marchand de tabac ». Illustration de Ricardo-Flores extraite d'*Il n'y a pas de sots métiers*, de Raymond Hesse.
© Coll. Alain Chevallier/ Photo J.-M. Drouet

Télescope (loueur de)

L'invention du télescope connut un succès populaire retentissant. Les Parisiens, toujours friands d'expériences scientifiques, se précipitèrent en foule pour voir la Lune. Pour dix centimes, ils pouvaient louer un télescope place Vendôme, place de la Concorde ou encore à la Bastille.

« Près d'Henry IV, pour deux sous
À toutes comme à tous
L'œil à la lunette, l'autre clos,
Je criais, dès la brune,
En présentant mon dos,
Voyez, voyez la lune !
Au boucher, j'montrais le Taureau
Au cocher, l'Chariot
Au gandin, j'indiquai le Lion,
Dont l'zodiaque s'orne,
Aux lutteurs, Orion,
Aux maris l'Capricorne.
Mais aujourd'hui, je suis un savant,
On me trouve dorénavant
À deux pas de l'état-major
J'camp' sur la place Vendôme. »

Les loueurs de télescope devinrent une attraction. Les badauds s'y rendaient en promenade, les noces y faisaient un détour après la cérémonie religieuse.

On pouvait même y surprendre les fameux Bouvard et Pécuchet, très inspirés par l'astrophysique :

« Quelle quantité ! s'écria Bouvard.

— Nous ne voyons pas tout ! reprit Pécuchet. Derrière la voie lactée, ce sont les nébuleuses ; au-delà des nébuleuses des étoiles encore ! La plus voisine est séparée de nous par trois cent billions de myriamètres !

Il avait regardé souvent dans le télescope de la place Vendôme et se rappelait les chiffres.

— Le Soleil est un million de fois plus gros que la Terre, Sirius a douze fois la grandeur du Soleil, des comètes mesurent trente-quatre millions de lieues !

— C'est à rendre fou, dit Bouvard. » (Flaubert)

«La Grande Lunette place de la Bastille». Photographie de Louis Vert, 1890.
© PMVP/Joffre

Témoin de rencontre

Imbert nous décrit un personnage insolite du XIXe siècle. Lorsqu'on déclarait une naissance ou un décès, deux témoins devaient se présenter à la mairie. Cette obligation, méconnue du plus grand nombre, fut à l'origine d'un nouveau métier : le témoin de rencontre. L'exercice nécessitait une vue excellente et une grande disponibilité. La journée débutait vers dix heures le matin. Posté sur un banc, à la porte de la mairie, il fallait examiner un à un les passants : repérer le bon client était affaire d'habitude. Rien de plus gauche ni de plus désemparé qu'un jeune père de famille. Quant à ceux qui venaient faire enregistrer un décès, leur mine compassée, leur costume sombre encore amidonné ne pouvaient tromper personne. L'affaire se concluait vite et, la déclaration établie selon les règles, le témoin recevait trois ou quatre francs de dédommagement.
Le fin du fin était d'agir vers les quatre heures de l'après-midi, peu avant la fermeture des bureaux. On pouvait alors envisager une invitation par « l'employeur » dans une taverne du coin pour célébrer l'événement.

Tisane (marchand de coco et de)

« Il porte une fontaine de fer blanc sur son dos, il a un bonnet garni de plaques et de plumes de héron, il est pressé de reprendre le gobelet auquel boit le petit enfant, pour faire boire la vieille. On ne peut rien faire lentement à Paris, d'autres attendent. » (Mercier)
Le marchand de coco et de tisane fut fort longtemps un familier des rues de Paris. Son accoutrement extraordinaire faisait l'admiration des enfants, et tous appréciaient ses boissons, fraîches ou chaudes selon la saison. Tisanes d'herbes, d'orge ou de réglisse étaient consommées pour le plaisir et la santé, celles de chiendent étaient réputées laxatives et celles d'oseille résolument purgatives.

«Á la fraîche, qui veut boire ?» Carte postale, vers 1905.
© Coll. Alain Chevallier

« Le Marchand de coco de la porte Saint-Denis ». Estampe de G. E. Opiz, 1820. Le coco était une boisson populaire, que l'on obtenait par macération de bois de réglisse dans de l'eau de citron.
© PMVP/Joffre

V

Verdure (marchand de)

«Ah ma belle,
ma belle herbe».
Gravure de Michel Poisson.
© PMVP/Briant

Ce petit marchand fournissait les fruitiers, les fromagers et les restaurateurs en fougères et en herbes fraîches pour leurs étals. Brunet, dans *Les Industries bizarres*, décrit cette activité toute saisonnière. La cueillette nécessitait parfois de courir bien loin, car la fougère, très appréciée des apothicaires pour la confection des vermifuges, se faisait rare aux alentours de Paris. Les feuillages brisés étaient refusés par les clients. De plus, l'administration des eaux et forêts, très chicanière, obligeait les marchands de verdure à posséder un permis spécial. On travaillait en famille. Le père, la mère, les enfants partaient couper les fougères à l'endroit assigné et, le soir venu, tout le monde rentrait aux Halles se réconforter d'un casse-croûte. À quatre heures le lendemain matin, le marché débutait et l'on vendait la cueillette toute fraîche. L'été, le marchand de verdure portait des feuilles de vigne aux commerçants, ou aux particuliers appréciant ces jolis présentoirs à fromages. À Noël, il circulait dans les rues avec une perche couverte de touffes de gui. Et dès le début du printemps, il ramenait à la ville le pissenlit, salade populaire et économique qui agrémentait les menus.

« Parce que c'est toute gayté
Je ne la crie qu'en esté
À qui vendrai-je ma grosse herbe ? »

Verjus (marchand de)

« Verjus, verjus
En carême cru. »
Le marchand de verjus criait sa marchandise dans les rues de Paris. Suc acide de raisin vert ou d'oseille, le verjus fut un ingrédient essentiel de la cuisine du Moyen Âge. On l'utilisait pour assaisonner le poisson ou les œufs, principalement les jours maigres.

Viandes (loueur de)

À la fin du XIXe siècle, d'infâmes gargotiers n'hésitaient pas à louer aux meilleurs bouchers des morceaux de choix qu'ils exposaient ensuite dans leur vitrine. On pouvait ainsi admirer de superbes porcelets, roses et dodus, à côté des cuissots de chevreuil, des quartiers de bœuf, des faisans, des agneaux de pré-salé… Ces pièces de roi n'étaient là que pour aguicher les clients. La nourriture servie à l'intérieur était au contraire la plus vile qui se pût imaginer : les chairs étaient faisandées, les poissons verdâtres et, pour leur redonner un peu de vie, les restaurateurs n'hésitaient pas à leur frotter les ouïes avec du sang frais puis les servaient nappés de sauce afin d'éliminer les odeurs trop fortes.

À la fin du XIXe siècle, d'infâmes gargotiers n'hésitaient pas à louer aux meilleurs bouchers des morceaux de choix qu'ils exposaient ensuite dans leur vitrine.

Cet art du maquillage devint si répandu et profitable qu'il y eut bientôt des spécialistes dont ce fut l'unique métier. Le loueur de viandes était né. La durée de la location n'excédait pas huit jours en hiver, et quarante-huit heures en été. Les jours de canicule, le service était suspendu.

« Vitrine de restaurant ». Gravure extraite du *Bas du pavé parisien*, de Guy Tomel, 1894.

© Coll. Alain Chevallier/ Photo J.-M. Drouet

« Un marchand de vinaigre ». Gravure de Michel Poisson, 1774.
© PMVP/Pierrain

Vinaigrier

« Le vinaigre a des propriétés admirables, le plus simple est toujours le meilleur. Livrez-vous aux acides, mes chers lecteurs et vous vous porterez bien. » (Mercier)

« Vinaigre vinas, cendre gravellée.
Moutardas, la lye !
Que chacun de nous s'allie.
Pour aller boire à la gallée. »

La corporation des vinaigriers, active et prospère, datait du XIe siècle. Il était demandé à l'ouvrier, comme au maître, d'être « sain de son corps et net en ses habits ».
En 1650, on comptait six cents maîtres vinaigriers moutardiers « ayant chacun trois garçons, ou travaillant chez eux ou allant par les rues vendre du vinaigre sur des brouettes et de la moutarde dans des moutarderies de bois faites en forme de petits boisseaux couverts. »
Les maîtres vinaigriers seuls avaient droit de fabriquer le vinaigre. Il était interdit aux cabaretiers et taverniers de tenter d'en produire avec leurs vins gâtés.
Vinaigres de propreté ou de santé se vendaient en grand nombre. « Il rend les aliments plus stomatiques et anti-putrides. Convient aux personnes très échauffées. » (*Dictionnaire portatif de cuisine*)
Le sieur Maille était célèbre au XVIIIe siècle pour avoir inventé quatre-vingts sortes de vinaigre !
La moutarde était également très populaire. Ne disait-on pas :
« De trois choses Dieu nous garde
De bœuf salé sans moutarde
D'un valet qui se regarde
D'une femme qui se farde. »
Le vinaigrier vendait, outre les vinaigres et moutardes, des fruits confits au vinaigre, également fort prisés.
La profession s'avérait des plus lucratives. Mercier, dans *La Brouette du vinaigrier*, met en scène un maître qui vient verser aux pieds d'un grand bourgeois sa brouette remplie de pièces d'or, pour demander la fille de la maison en mariage pour son propre fils.

Un rempailleur de chaises.
Carte postale, vers 1905.
© Coll. Kharbine-Tapabor

Bibliographie

– Arnal (A.), Ashbee (H.), *Paris qui crie. Petits métiers*, 1890.
– Audiger, *La Maison réglée*, 1692.
– Avalle (E.), *Le Porteur d'eau de Paris*; *Les Ouvriers des deux mondes*, 1869.
– Babeau (A.), *Les Bourgeois d'autrefois*, 1886.
– Bachaumont, *Mémoires secrets de Bachaumont*, 1780.
– Balzac (H. de), « Histoire et physiologie des boulevards de Paris », in *Le Diable à Paris*, 1844.
– Baudelaire (C.), *Tableaux parisiens.*
– Boileau, *Le Livre des métiers*, 1268.
– Bonhommet (V.), *Les Chansons de métiers.*
– Bory (P.), *Les Industries bizarres*, 1900.
– Boutet (H.), *Métiers de Paris*, 1910.
– Claretie (J.), *La Vie à Paris 1895*, 1896; *La Vie à Paris 1896*, 1897; *La Vie à Paris* 1897, 1898; *La Vie à Paris 1898*, 1899; *La Vie à Paris 1900*, 1901.
– Coffignon (A.), *L'Estomac de Paris*; *Le Pavé parisien.*
– Cornevin (M.), *Les Marchands de vin de Paris*, 1869.
– Crapelet (G.-A.), *Proverbes et dictons populaires aves les dits du mercier et des marchands*, 1831.
– Delamare, *Traité de la police*, 1719.
– Delcourt (P.), *Ce qu'on mange à Paris*, sd.
– Delord (T.) et Janin, *Les Français peints par eux-mêmes*, 1840-1842.

– Delvau (A.), *Les Dessous de Paris*, 1860; *Histoire anecdotique des barrières de Paris*, 1865; *Les Heures parisiennes*, 1866; *Les Plaisirs de Paris*, 1867; *Les Lions du jour*, 1867.
– Diderot (D.), *Le Neveu de Rameau*.
– Doucet (J.), *Les Petits Métiers de Paris*, 1900.
– Fournel (V.), *Ce qu'on voit dans les rues de Paris*, 1858 ; *Tableau du vieux Paris : les spectacles populaires*, 1863 ; *Paris nouveau et Paris futur*, 1865 ; *Les Cris de Paris*, 1887 ; *Types et personnages célèbres des rues de Paris*, 1888.
– Fournier (E.), *Variétés historiques et littéraires*.
– Franklin (A.), *La Vie privée d'autrefois*, 1902 ; *Dictionnaire historique des arts, métiers et professions exercées dans Paris depuis le* XIIIe *siècle*, 1905.
– Frantext, base de données avec la collaboration de la Bibliothèque publique d'information (centre Georges-Pompidou).
– Frébault (E.), *Les Industriels du macadam*, 1868.
– Furetière (A.), *Le Roman bourgeois*, 1666 ; *Dictionnaire universel des mots français*, 1701.
– Gouriet (J.-B.), *Les Charlatans célèbres*, 1819 ; *Les Personnages célèbres dans les rues de Paris*, 1811.
– Gourmont (R. de), *Promenades littéraires*.
– Hillairet (J.), *Dictionnaire historique des rues de Paris*, éditions de Minuit, 9e édition, 1991.
– Imbert, (P.-L.), *À travers Paris inconnu*, 1876 ; *Les Trappeurs parisiens au* XIXe *siècle*, 1878.
– Jacob, *Autrefois ou le bon vieux temps*, 1842 ; *Paris ridicule et burlesque*, 1859.
– Lacordaire (S.), *Les Inconnus de la Seine*, 1985.
– Lacroix (P.), Duchesne (A.), *Histoire de la chaussure* ; *Histoire de la coiffure, de la barbe et des cheveux postiches*, 1851.
– La Villeneuve (G. de), *Les Crieries de Paris*.
– Le Grand d'Aussy, *La Vie privée des Français*.
– Levasseur (E.), *Histoire des classes ouvrières et de l'industrie en France avant 1789*, 1901.
– Macquer (P.), Dictionnaire *portatif des arts et métiers*, 1766 ; *Dictionnaire raisonné universel des arts et métiers*, nouvelle édition revue par l'abbé Jaubert, 1773.

– Massin, *Les Célébrités de la rue*, 1981 ; *Les Cris de la ville*, 1985.
– Mauclair (C.), *Les Camelots de la pensée*, 1902.
– Mercier (L.-S.), *Tableau de Paris*, 1781.
– Monselet (C.), *Les Ruines de Paris*, 1857 ; *Scènes de la vie cruelle*, 1875 ; *Les Originaux du siècle dernier*, 1864.
– Montorgueil (C.), *Paris au hasard*, 1895.
– Parmentier (A.), *Les Métiers et leur histoire*, 1908.
– Perrault (C.), *L'Oublieux.*
– Privat d'Anglemont (A.), *Paris anecdotes, Paris inconnu*, 1875.
– Tabarin, *Fantaisies, almanach prophétique du sieur Tabarin.*
– Tallemant des Réaux (G.), *Historiettes*, 1623.
– Tomel (G.), *Le Bas du pavé parisien*, 1894 ; *Petits métiers parisiens*, 1898.
– Uzanne (O.), *Parisiennes de ce temps*, 1900.
– Villemot (A.), *La Vie à Paris*, 1858.
– Viollet-le-Duc, *Dictionnaire du mobilier.*
– Virmaître (C.), *Paris impur*, 1898 ; *Paris croquemort*, 1889 ; *Trottoirs et lupanars*, sd. ; *Les Curiosités de Paris*, 1898 ; *Les Virtuoses du trottoir*, 1868 ; *Paris cocu*, 1890 ; *Paris oublié*, 1886.
– Wolf (A.), *Mémoires d'un Parisien*, 1885.
– Yriarte (C.), *Paris grotesque ; Les Célébrités de la rue*, 1878.

Et des citations extraites des œuvres de Beaumarchais, Berthod, Francis Carco, Giacomo Casanova, Louis-Ferdinand Céline, Paul de Kock, Denis Diderot, Gustave Flaubert, Maurice Genevoix, Carlo Goldoni, Victor Hugo, Joris-Karl Huysmans, Panait Istrati, Franz Kafka, Alain René Lesage, Jean de La Fontaine, Molière, Montaigne, Charles d'Orléans, Marcel Proust, Jules Renard, Restif deLa Bretonne, Jean-Jacques Rousseau, Saint-Amant, Antoine de Saint-Exupéry, Saint-Simon, Laurence Sterne, Patrick Süskind, François Villon, Émile Zola.

Édition : Mathilde Kressmann
Recherche iconographique : Emmanuelle Henry
Direction artistique : Isabelle Chemin
Conception graphique et réalisation : Odile Delaporte

Avec la collaboration d'Yves Nespoulous

Photogravure : Alésia Studio

Achevé d'imprimer en septembre 2005
sur les presses de l'imprimerie Kapp, à Évreux

ISBN : 2-84096-417-1
Dépôt légal : octobre 2005